ИНФОРМАЦИОННЫЕ ТЕХНОЛОГИИ В ГОСТИНИЧНОМ БИЗНЕСЕ

ДМИТРИЙ КОЗЛОВ

CreateSpace, USA, 2015

Об авторе

Автор издания – кандидат экономических наук, доцент кафедры гостиничного и туристического бизнеса Российского экономического университета им. Г.В. Плеханова Козлов Дмитрий Александрович.

В пособии излагаются основы информационных технологий и систем в гостиничном бизнесе. Раскрыты вопросы выбора, внедрения и эксплуатации автоматизированных систем управления гостиничным предприятием, а также оборудование и программное обеспечение систем управления электронными замками, сейфами, гостиничным телевидением, телекоммуникационных систем и прочих дополнительных систем управления в гостинице.

Козлов Д.А.
Информационные технологии в гостиничном бизнесе. Учебное пособие. Издательство CreateSpace, США, 2015.

В данном издании излагаются основы информационных технологий на гостиничном предприятии. Раскрывается широкий круг систем автоматизированного управления, применяемыми в гостиничном бизнесе. Издание предназначено для студентов бакалавриата и магистратуры, обучающихся по направлению 101100 «Гостиничное дело», а также для специалистов в области гостиничного бизнеса.

ISBN-13: 978-1516991259
ISBN-10: 1516991257

Оглавление

ВВЕДЕНИЕ...4

ГЛАВА 1. СОВРЕМЕННЫЕ ИНФОРМАЦИОННЫЕ ТЕХНОЛОГИИ НА ПРЕДПРИЯТИЯХ ИНДУСТРИИ ГОСТЕПРИИМСТВА 6

ГЛАВА 2. СИСТЕМЫ УПРАВЛЕНИЯ ГОСТИНИЧНЫМ ПРЕДПРИЯТИЕМ...............13

2.1. Возможности современных систем управления гостиничными предприятиями 13

2.2. Выбор информационной системы управления гостиничным предприятием: основные этапы, особенности и оценка эффективности 30

2.3. Расчет стоимости внедрения системы управления гостиничным предприятием 33

ГЛАВА 3. СИСТЕМЫ УПРАВЛЕНИЯ РЕСТОРАННЫМ ПРЕДПРИЯТИЕМ 36

3.1. Возможности современных систем управления ресторанными предприятиями 36

3.2. Расчет стоимости внедрения системы управления ресторанным предприятием 51

ГЛАВА 4. ПРОЧИЕ СИСТЕМЫ АВТОМАТИЗАЦИИ.................53

4.1. Компьютерное оборудование 53

4.2. Телефонные станции и телефонные тарификаторы.................62

4.3. Локальные сети, организация доступа в Интернет, интернет-тарификаторы.................70

4.4. Системы платного и интерактивного телевидения 79

4.5. Системы управления электронными замками 91

4.6. Системы электронных сейфов 100

4.7. Системы автоматических мини-баров.................104

ЗАКЛЮЧЕНИЕ 109

СПИСОК ЛИТЕРАТУРЫ.................110

4

ВВЕДЕНИЕ

Современные гостиницы и рестораны выступают сложными предприятиями. Клиенты, пользующиеся услугами таковых предприятий, находятся вне дома, однако им необходим полный спектр современных возможностей в области информатизации, сопряженный с высокими требованиями по удобству и комфорту.

Рис. 1. АСУ гостиничного предприятия

Информационные технологии охватывают все сферы деятельности гостиничных предприятий, к которым можно отнести:

1. Вопросы эффективности управления самим предприятием на основе современных систем управления;

2. Обеспечение комфорта клиентов.

Современное гостиничное предприятие в наибольшей степени соответствует принципам интеллектуального цифрового дома: отслеживание потребностей клиентов, цифровой мультимедийный контент по запросу, системы беспроводного доступа, системы комфортности проживания, системы освещения, голосовое управление и т. д. Все это основные направления развития информационных технологий в мире, а гостиничное предприятие здесь выступает концентратором данных технологий.

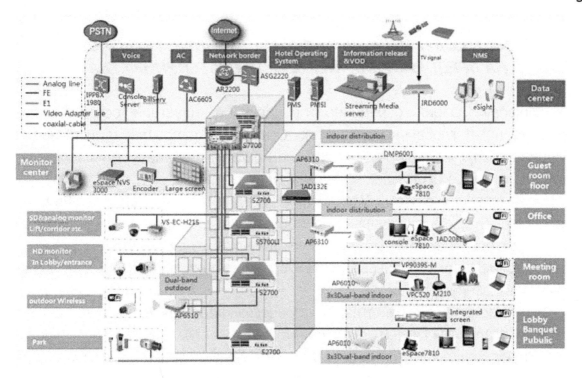

Рис. 2. Гостиничное предприятие как сложный комплекс систем управления

Информационные технологии стали средством конкурентного преимущества предприятий. Они обеспечивают принятие решений на основе систем автоматизированного управления и систем, связанных с хранением и интеллектуальной обработкой данных.

ГЛАВА 1. СОВРЕМЕННЫЕ ИНФОРМАЦИОННЫЕ ТЕХНОЛОГИИ НА ПРЕДПРИЯТИЯХ ИНДУСТРИИ ГОСТЕПРИИМСТВА

Информатизация современных предприятий индустрии гостеприимства и туризма носит глобальный характер. Основными направлениями развития информационных технологий и систем на предприятиях индустрии гостеприимства и туризма в настоящее время выступают:

– внедрение систем управления предприятием (PMS – Property Management System), включающих дополнительные возможности аналитического характера, средства удаленного управления и т. д.;

– применение глобальных систем бронирования, включая более широкое использование Интернета;

– максимальная автоматизация процесса оказания услуг, включающая установку различных систем управления.

Информационные технологии для масс появились в 80-х гг. XX в. и за небольшой промежуток времени достигли всеохватывающего уровня. Согласно закону Гордона Мура, сформулированным им в еще в 1965 г., мощности вычислительных устройств удваиваются за каждые 1,5 года.

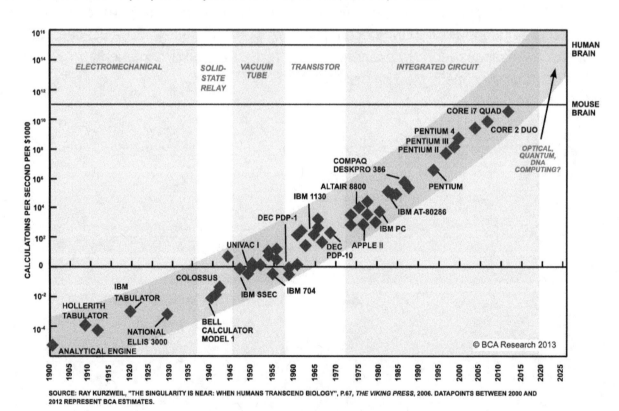

Рис. 3. Закон Гордона Мура

Наряду с этим ускоряется и разработка нового оборудования и стандартов. В недалеком прошлом жизненный цикл оборудования, выпускаемого для предприятий индустрии гостеприимства, составлял 7-10 лет, а в настоящее время за 2-3 года приобретенное новое оборудование уже морально устаревает.

Косвенным подтверждением такого состояния служит переход ведущих производителей программного обеспечения с выпуска своих программных продуктов с некоторой периодичностью на создание постоянных обновлений, требующихся при очередном создании нового устройства. Эта ситуация даже в большей степени свойственна производителям программного обеспечения для индустрии гостеприимства, поскольку необходимо подстраиваться не только под развитие оборудования, но и под постоянное увеличение сфер автоматизации.

Для самого предприятия индустрии гостеприимства недостаточно только принять решение о внедрении той или иной автоматизированной системы; необходим комплексный подход к пересмотру всех существующих бизнес-процессов, переподготовке персонала, разработке информационно-технологической стратегии предприятия.

Кроме собственно автоматизации бизнес-процессов современные технологии позволяют накапливать огромное количество данных, становящихся бесценным капиталом для предприятий индустрии гостеприимства. На основе этих данных предприятие может осуществлять комплексный анализ эффективности своей деятельности, в конечном счете повышая конкурентоспособность. Накопленные данные становятся бесценным капиталом для гостиницы. Базы данных постояльцев позволяют детально изучать целевой рынок гостиницы, прогнозировать спрос на услуги, проводить эффективную маркетинговую политику.

Системы управления предприятием автоматизируют выполнение рутинных задач персонала и руководства гостиницы. При этом достигается взаимосвязь между различными службами, что повышает эффективность и избавляет от ошибок. Многие задачи, например, прием и размещение больших групп гостей, применение сложных тарифных планов, становятся легко осуществимыми. Руководство получает мощный инструмент контроля за состоянием гостиницы и финансовыми потоками, а возможности злоупотреблений персоналом гостиницы сокращаются. В целом, при использовании автоматизированных систем гостиница становится более управляемой. Руководство получает адекватные данные по состоянию дел на текущий момент времени и прогнозу на будущее, имеет возможность принимать корректные и своевременные решения.

Кроме функций управления системы предлагают дополнительные возможности повышения уровня сервиса для гостей. Клиент становится центром внимания и получает индивидуально-ориентированное обслуживание, поскольку системы позволяют учитывать предпочтения гостей. Процесс оказания услуг становится упрощенным для клиента. Система хранит данные по каждому гостю, когда-либо проживавшему в гостинице. При следующем его приезде она позволяет определить правильный тариф, провести быстрое поселение и предугадать пожелания гостя. Гостиница также получает возможность вести централизованный учет начислений и расчетов с гостями.

На современном этапе развития информационных систем на предприятиях индустрии гостеприимства большое внимание уделяется организации электронных продаж. Электронные системы продаж – это те или иные компьютерные программы, адаптированные для повышения эффективности продаж туристических услуг (авиаперевозок, аренды транспорта, экскурсионного обслуживания и т. д.). Существуют следующие основные системы электронных продаж: GDS (Global Distribution System) – глобальные системы резервирования; Интернет – Всемирная компьютерная сеть; локальные системы продаж – ориентированные либо на определенный регион, либо на определенный круг покупателей.

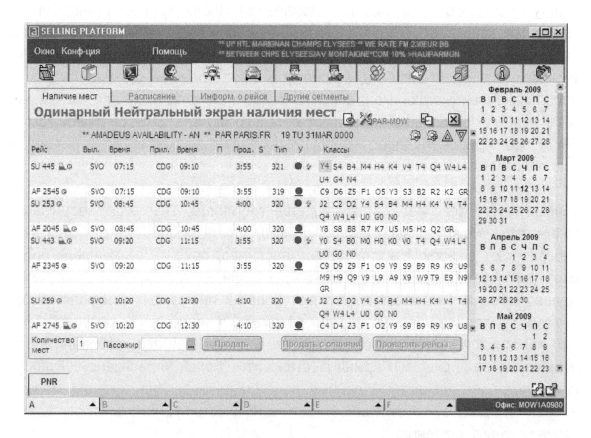

Рис. 4. Окно глобальной системы бронирования

Глобальные системы появились в середине XX в. в связи с ростом объема мировых авиаперевозок и предназначены для профессиональных туристских агентств. Авиакомпании начали устанавливать терминалы систем в агентствах с большими объемами перевозок. Это позволило повысить эффективность деятельности агентств, которые стали применять их не только для продажи авиаперевозок, но и номеров в отелях, сопутствующих услуг. Это потребовало довольно большого вливания финансовых средств, что привело к объединению авиакомпаний в системе резервирования, что позволило существенно сократить расходы по созданию и регулированию этой системы.

Глобальной называют систему, имеющую большое число терминалов, расположенных в разных частях света. Вторым признаком глобальности является возможность бронирования кроме авиаперевозок еще и гостиничных услуг, аренды транспорта, а также всего, что может войти в турпродукт.

На сегодняшний день основными системами, называемыми глобальными, выступают:

– Amadeus/System One. Амадеус предлагает такие средства доступа к Центральной Системе как Amadeus Selling Platform (ASP) (для стационарных терминалов) и Amadeus Selling Platform Connect – подключение через веб-доступ, без установки программного обеспечения;

– Galileo/Apollo

– Sabre/Fantasia

– WorldSpan/Abacus

Вышеперечисленные системы называют «золотой четверкой». Они занимают 90% рынка и охватывают более 500 тыс. агентств по всему миру, причем многие из них устанавливают у себя несколько терминалов.

Эволюция GDS:

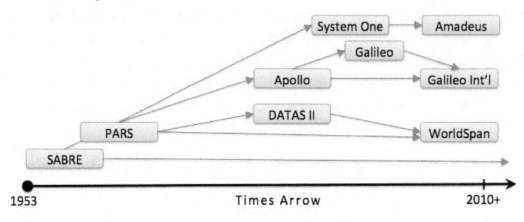

Рис. 5. Эволюция GDS

GDS были и остаются выгодными всем участникам рынка. Поставщики, предоставляющие свой продукт в GDS, моментально получают доступ к тысячам распространителей по всему миру, существенно увеличивая также свою эффективность за счет снижения издержек. Единственной задачей поставщиков в отношениях с агентами остается финансовый контроль системы платежей и выплаты комиссионных. Агенты же получают прямой доступ к самой полной и достоверной информации непосредственно от поставщика услуги, текущей информации о наличии мест по различным тарифам, возможности моментального бронирования.

На этом и строится бизнес GDS. Единовременная плата за подключение к системе плюс в среднем от 3 до 4 долл. берется с поставщиков за каждую проданную услугу (сегмент), а также символическая плата с агента за каждое обращение к системе.

Появление и бурное распространение Интернет внесли свои изменения в деятельность компаний в области бронирования. С одной стороны, Интернет позволил компаниям избавиться от своих основных недостатков – высоких затрат на установку и обучение работе. Работа систем претерпела изменение в сторону появления интернет-проектов, например, известнейшего проекта Travelocity.com.

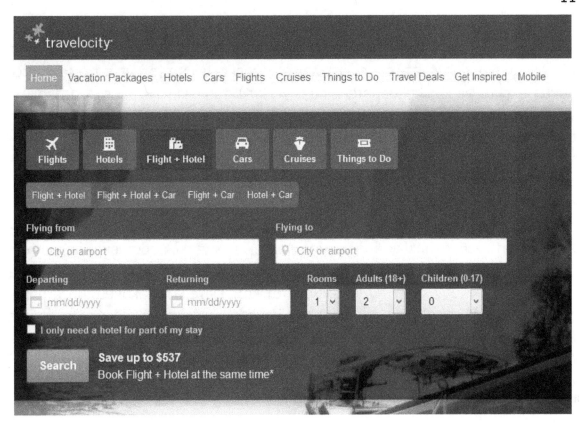

Рис. 6. Портал Travelocity

Однако с другой – Интернет способствует росту доли прямых продаж, снижая квоты гарантированных мест у компаний и повышая контрактные цены, что приводит к снижению сумм комиссии.

Подключение предприятия к глобальной системе бронирования обходится в среднем в 1–2,5 тыс. долл. Ежемесячные расходы при работе с системами 200–800 долл. В настоящее время с системами глобального резервирования работают в основном крупные туроператоры.

Не желая совершать такие крупные расходы на работу с глобальными системами, многие компании используют в качестве средств бронирования Интернет. Финансовые затраты на установку персонального компьютера и доступа в Интернет невысоки, их могут позволить себе даже самые небольшие компании. Кроме того, бронирование туров через Интернет значительно сокращает время обслуживания туристов, дает гарантию от перепродажи и неподтверждения заявки.

Таким образом, без применения Интернета невозможна деятельность современного предприятия индустрии гостеприимства. Однако далеко не все понимают важность качественной разработки своего интернет-представительства. Интернет-ресурсы туристской направленности можно разделить на несколько видов: страничка – почти все предприятия имеют ресурс этого вида, на них публикуют телефоны, адреса офисов, общая информация об агентстве, основных услугах, часто на них можно скачать прайс-листы в общедоступных форматах, клиент даже условно не может на таком ресурсе принять решение о приобретении услуг; электронный каталог – позволяет через специализированные поисковые формы получать всю необходимую информацию о требуемых услугах; электронный склад – не просто предлагает поиск по собственным базам данных, но и позволяет непосредственно в системе бронировать его на некоторое время. Базы данных позволяют забронировать услуги и быть уверенным, что в течение определенного времени услуги не будет проданы другому клиенту; электронный магазин – позволяет также оплатить забронированные услуги и затем дождаться доставки (вариантом выступает электронный магазин полного цикла, позволяющий также получить все необходимые документы, не отходя от компьютера); наконец, интегрированный электронный магазин полного цикла – позволяет на одном заказе приобрести целый набор услуг (авиа- или железнодорожные билеты, трансфер, размещение, экскурсии, билеты на развлекательные мероприятия и т. д.).

ГЛАВА 2. СИСТЕМЫ УПРАВЛЕНИЯ ГОСТИНИЧНЫМ ПРЕДПРИЯТИЕМ

2.1. Возможности современных систем управления гостиничными предприятиями

На современном рынке программных средств автоматизации деятельности гостиничного предприятия присутствует довольно большое количество автоматизированных информационных систем управления. К таким системам относятся: Fidelio, Opera, Epitome, «Эдельвейс», Shelter, Невский Портье, Hot-Soft, KEY-Hotel, Korston Hospitality (на базе Microsoft Dynamics NAV, ранее – Microsoft Business Solutions Navision), OPTIMS, CLS, Hogatex Starlight, ОТЕЛЬ, 1С: Предприятие. Отель, БИТ.Отель (http://www.1cbit.ru), Интеллект Стайл, Сцениум, КредоОтель, ИНСИ и др. Почти все перечисленные системы имеют модульное построение, что позволяет несколько сэкономить при их внедрении, а при необходимости доустановить новые модули. Рассмотрим основные системы управления гостиничными предприятиями.

Самой мощной и современной системой управления выступает Opera/Fidelio.

Производятся они компанией MICROS Systems, Inc (http://www.micros.com/). В 2014 г. компания Oracle осуществила поглощение Micros и в настоящее время Micros является ее подразделением.

ORACLE | micros

На территории Российской Федерации распространяется компанией HRS – Hospitality and Retail Systems (http://www.hrs.ru/).

На рисунке представлен стандартный комплекс полной автоматизации гостиницы на основе Fidelio[1]. Рассмотрим отдельные элементы.

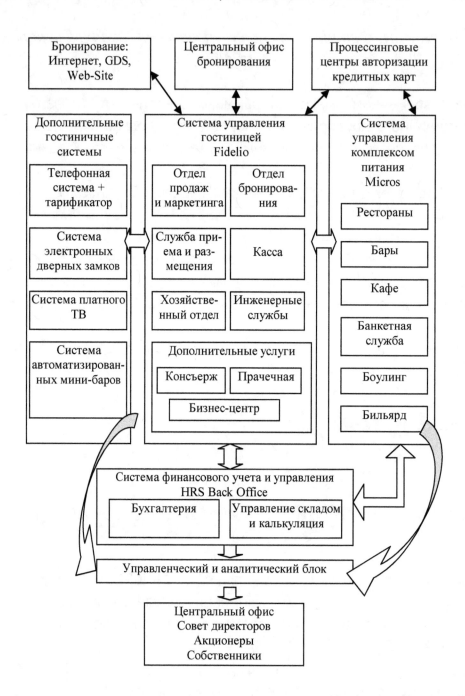

Рис. 7. Комплекс автоматизации гостиничного предприятия Fidelio

Fidelio Front Office. Система включает следующие модули.

---

[1] По материалам компании HRS – Hotel and Restaurant Systems.

Рис. 8. Окно системы Fidelio v.8

Модуль «Бронирование» предоставляет возможность ввода новых бронирований и внесения изменений в существующие, аннулирование и реактивация бронирований, операции с профайлами гостей, компаний, турагентств, операций по импорту бронирований из Интернета.

Модуль «Служба размещения» дает возможность производить операции по заселению гостей с предварительным бронированием и без него, заранее распределять номера, осуществлять быстрый поиск гостя, просмотр деталей его проживания, выполнять операции переселения гостей, просматривать баланс гостей и запланированных услуг.

Модуль «Менеджер». Здесь предусмотрена возможность работы с договорами, группами, ведения истории и управления курсами пересчета валют, управления тарифами, функция «переполнения» гостиницы, управление перечнем услуг и прейскурантами гостиницы.

Модуль «Кассир» позволяет планировать и управлять начислениями услуг на счета гостей.

Модуль «Управление номерами» позволяет контролировать текущий статус уборки номеров, планировать ремонт и обслуживание, осуществлять блокирование номеров, распределение заданий горничным по уборке, а также историю проживания в номерах.

Модуль «Общие дополнения» предназначен для установки специализированных настроек. В него также включены модуль «План гостиницы» – интерактивный просмотр бронирований, заселения, проверки статуса уборки и сводной статистики по гостинице или отдельному этажу; модуль «Отчеты» – финансовые отчеты о деятельности гостиницы.

Стандартная система управления гостиничным комплексом Fidelio Front Office открывает гостинице возможность наилучшим образом представить работу службы приема и размещения. Это одна из наиболее продаваемых систем для службы приема и размещения в мире. Система легко конфигурируется в соответствии с нуждами любой гостиницы.

Front Office может быть объединен с другими продуктами Fidelio, такими, как Sales and Catering, Food and Beverage, Engineering Management, Accounts Receivable, Travel Agent Processing. Front Office также может взаимодействовать с центральной системой Micros-Fidelio, информационной системой и с центральной системой бронирования.

Ночной аудит – баланс за рабочий день и все бухгалтерские функции за день; начисление тарифов за проживание и налогов, а также другие фиксированные начисления; выявление гарантированных неприездов, изменение статуса негарантированных неприездов; показ информации о незакрытых кассирах, неоплаченных отъездах, неприездах; устанавливаемый порядок ведения процедур ночного аудита, выбор управленческих отчетов.

Самой современной версией системы управления гостиничным предприятием рассматриваемого семейства можно считать Fidelio v.8 – система с высокой функциональностью, надежностью и возможностями гибкой настройки, имеющая единую базу данных под управлением СУБД Oracle.

Fidelio включает в себя мощные настраиваемые отчеты и выходные формы, создаваемые с помощью Crystal Reports.

Приложение MyFidelio.net предоставляет средства централизованного планирования деятельности цепи отелей и информацию о гостинице через Интернет с помощью мировых систем бронирования.

Fidelio проводит интеграцию с богатейшим набором используемых в отеле систем: ресторанными, замковыми, телекоммуникационными, платного телевидения, автоматических минибаров, авторизации кредитных карт и энергосбережения.

Основные возможности Fidelio:

1. Управление связями с клиентами – Customer Relationship Management (CRM).

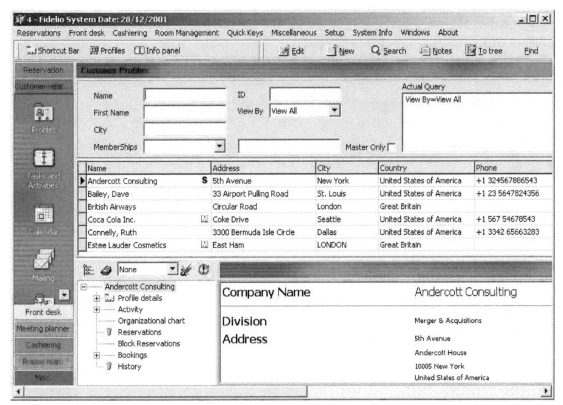

Рис. 9. Окно модуля управления связями с клиентами Fidelio v.8

Расширенный модуль управления связями с клиентами позволяет иметь полную картину всех пожеланий и предпочтений клиентов и оказывать самый высокий уровень сервиса. Индивидуальность подхода к клиенту заключается в предоставлении каждому гостю именно той информации, в которой он нуждается. Например, финансовый менеджер, остановившийся в гостинице, найдет в своем номере последний выпуск финансово-аналитического журнала, любитель игры в большой теннис – адреса ближайших кортов, игрок в боулинг – лучшие предложения от ведущих боулинг-клубов города. Обладая доступом ко всей необходимой информации, в любой момент можно сообщить гостям, когда и где проходить какие-то мероприятия, которые могут быть им интересны. Таким образом, имеется возможность оказывать услуги клиентам не только когда они проживают в отеле, но и в течение всего года. Это называется активными продажами.

Информация по клиентам становится полнее и разнообразнее. В Fidelio все данные по клиенту объединяются в профайлы, хранящиеся в единой центральной базе данных, причем в каждом клиентском профайле можно заводить неограниченное число контактных данных гостя, отдельно вносить такую маркетинговую информацию, как степень важности клиента, вид его деятельности, долю компании на рынке, информацию по кредитным картам гостя. Большим преимуществом является то, что система позволяет не удалять про-

17

файлы, а делать их неактивными в случае необходимости, при этом они могут быть восстановлены в любой момент.

2. Управление временем и мероприятиями.

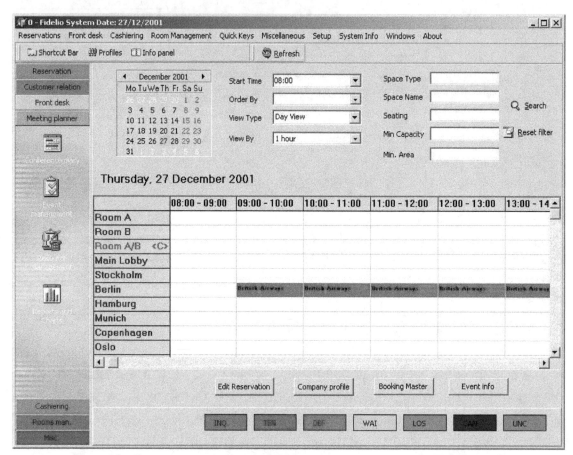

Рис. 10. Окно модуля управления мероприятиями Fidelio v.8

Fidelio позволяет учесть абсолютно все пожелания по проведению маркетинговых кампаний: почтовой рассылке, маркетинговых исследований. Также имеется возможность просматривать различные текущие и запланированные мероприятия через функции управления временем, а легкие и доступные функции поиска и сортировки мероприятий – по дате, виду и приоритету помогут быстро найти любую интересующую информацию. Пример окна данного модуля представлен на рис. 10.

3. Организация конференций и банкетов – Conference and Catering Management (CCM).

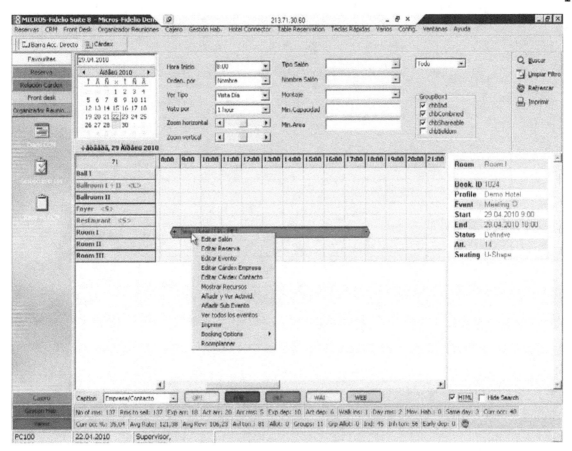

Рис. 11. Окно модуля управления конференциями и банкетами Fidelio v.8

Одной из основных статей доходов гостиницы выступает деятельность отдела организации конференций и банкетов. Поэтому модуль организации конференций и банкетов является одним из основных звеньев комплексной системы Fidelio. Модуль CCM позволяет быстро проверить доступность и текущую активность по существующим броням, с легкостью вводить планируемые мероприятия и эффективно ими управлять. Также одним из преимуществ данного модуля выступает возможность одновременной брони как конкретного мероприятия, так и номеров в отеле.

Ночной аудит.

Гостиница не прекращает своей деятельности даже ночью. Теперь в Fidelio для проведения ночного аудита пользователи не должны выходить из системы, она продолжает функционировать в привычном режиме. Вся статистика основывается на предварительной информации, а окончательное объединение данных происходит во время обычной работы системы.

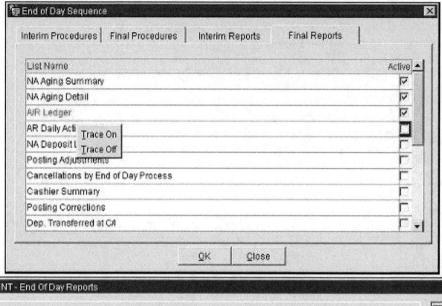

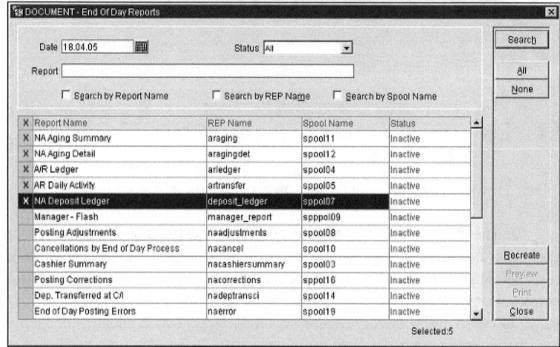

Рис. 12. Окна ночного аудита Fidelio v.8

Отчетность.

Учитывая то, что у каждого отеля или у гостиничной цепи свои цели, концепции и стратегии, каждому управляющему необходима собственная, индивидуально разработанная с учетом конкретных пожеланий система отчетности. Можно в считанные секунды получить любой отчет. С помощью Crystal Reports имеется возможность создавать большое количество разнообразных отчетов (как стандартных, так и пользовательских), которые могут быть предварительно просмотрены или распечатаны. Интернет-приложение системы – Myfidelio.net – позволит работать с самой полной системой отчетности и статистики для нескольких отелей в одной центральной системе.

Revenue by Room Type

Sorted by Room Type
Drill Down Available

Statistic Date Range Chosen:

	3/1/1998				Month To Date				Year To Date		
	Revenue	Nts	ADR	Occ %	Revenue	Nts	ADR	Occ %	Revenue	Nts	ADR
One Bedroom Condo	7855.00	60	130.92	91	7855.00	60	130.92	91	33111.50	379	87.37
One Bedroom Left	301.00	4	75.25	33	301.00	4	75.25	33	524.50	6	87.42
Two Bedroom Condo	6961.00	18	386.72	31	6961.00	18	386.72	31	8406.50	37	227.20
Two Bedroom Loft	0.00	0	0.00	0	0.00	0	0.00	0	0.00	7	0.00
Three Bedroom Condo	2287.00	22	103.95	55	2287.00	22	103.95	55	2442.00	23	106.17
Penthouse	750.00	2	375.00	100	750.00	2	375.00	100	750.00	2	375.00
Totals	18,154.00	106	171.26	56	18,154.00	106	171.26	56	45,234.50	454	99.64

Рис. 13. Окно отчетности Fidelio v.8

В настоящее время трудно представить себе деятельность любого преуспевающего предприятия без использования современных достижений в области электронной коммерции.

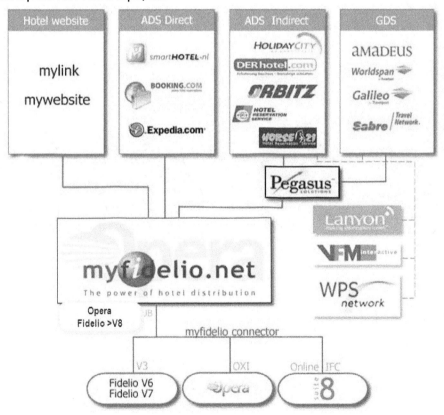

Рис. 14. Схема работы Fidelio/OPERA с каналами электронной коммерции

Myfidelio.net – приложение, которое выведет гостиницу на простор Интернета для маркетинга и стимулирования продаж. Многочисленные каналы связи позволят связаться с клиентами не в виде простой односторонней связи, а в качестве диалога. Интернет, Интранет, e-mail, телефон, факс – теперь есть выбор не только у гостиницы, но и у ее клиентов. Myfidelio.net совместима с такими мировыми системами бронирования, как Amadeus, Galileo, Sabre, Worldspan.

Интерфейсы.

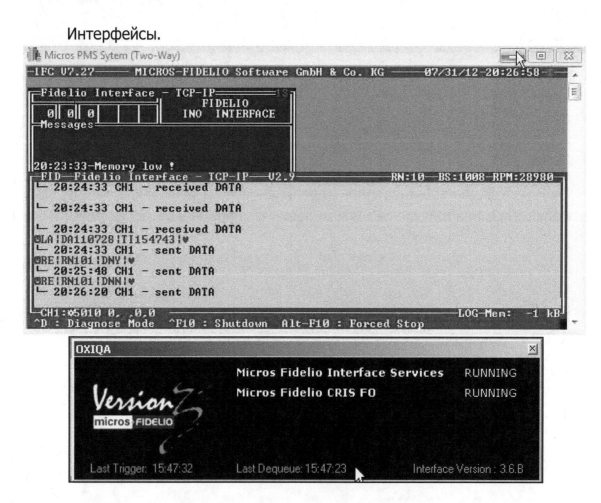

Рис. 15. Окна интерфейсов Fidelio v.8

Fidelio может взаимодействовать с различными системами Micros-Fidelio и третьими системами: системой управления ресторанами, телефонными системами и системами тарификации телефонных звонков, системой автоматических минибаров, системой управления счетами клиентов, системами платного телевидения, системами электронных замков, системой авторизации кредитных карт, а также бухгалтерскими системами, системой Fidelio Material Control (MC) и многими другими.

Еще одним средством комплексной автоматизации мирового лидера в производстве автоматизированных систем управления корпорации Micros-Fidelio выступает OPERA Enterprise Solution.

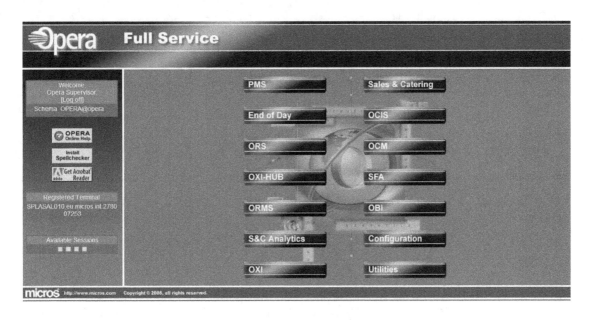

Рис. 16. Окно OPERA

OPERA представляет собой систему, состоящую из модулей, которые с легкостью могут быть настроены и добавлены в зависимости от пожеланий конкретного отеля. OPERA Enterprise Solution включает в себя систему автоматизации службы приема и размещения гостей (Property Management System); систему автоматизации отдела продаж и маркетинга (Sales and Catering); систему управления качеством обслуживания (Quality Management System); систему оптимизации прибыли (Revenue Management); систему управления мероприятиями (OPERA Activity Scheduler); систему централизованного бронирования (OPERA Reservation System); модуль бронирования через Интернет (Web-Self Service); централизованную информационную систему по клиентам (Customer Information System). Основные модули OPERA Enterprise Solution представлены на рисунке.

Рис. 17. Основные модули системы OPERA Enterprise Solution

Система автоматизации отдела продаж и маркетинга (Sales and Catering – S&C) благодаря единой базе данных персонал может обмениваться информацией о клиентах, счетах, доступности номеров, действующих тарифах и осуществлять общий контроль всей деятельности предприятия.

Система управления качеством обслуживания (Quality Management System – QMS) – инструмент для управления и контроля каждого аспекта деятельности гостиницы с целью повышения стандартов обслуживания в соответствии со всеми требованиями клиентов. Применяя систему OPERA QMS, можно всегда быть уверенным, что номер, в который въезжает гость, чист и убран, что нет никаких неисправностей. Система быстрого отклика на запросы гостей позволяет управленческому персоналу проверять качество работы сотрудников и его соответствие существующим стандартами. Руководство автоматически оповещается о задержках в выполнении еще до того, как поступит жалоба от клиента.

Система оптимизации прибыли (Revenue Management) позволяет управлять доходом отдельных отелей и осуществляет централизованное управление несколькими гостиницами в одной базе данных. Среди основных функций следует отметить сложный групповой анализ, позволяющий осуществлять управление тарифами, а также современные методики управление доходностью. Система имеет интерфейс с OPERA S&C, что позволяет проводить анализ эффективности определенных услуг и увеличения рентабельности.

Система управления мероприятиями (OPERA Activity Scheduler) позволяет быстро и легко забронировать нужные услуги, с автоматическим подбором свободного и удобного клиенту времени и контролем «непересекаемости» процедур. Данная система отслеживает всю информацию о клиентах, включая перечень услуг, которыми они воспользовались, заметки гостиничного персонала и позволяет составить и предоставить каждому гостю по приезду своего рода «программу пребывания».

Система централизованного бронирования (OPERA Reservation System – ORS) – новое поколение систем бронирования. ORS – единая система контроля доступности всех отелей, входящих в гостиничную цепь. Система позволяет иметь полную и единую картину загрузки во всех отелях, а также осуществлять бронирование сразу в нескольких отелях. Причем забронировать номер в отеле или конференц-зал сможет как сотрудник отдела бронирования, находящийся в центральном офисе, так и менеджер по продажам, находящийся в командировке в любой точке мира. Также такие традиционные функции системы PMS, как подселение, работа с депозитом, назначение номера комнаты, также можно осуществить в OPERA ORS.

Централизованная информационная система по клиентам (Customer Information System – CIS) полностью интегрирована с системой централизованного бронирования. Система собирает и обрабатывает данные о всех гостях, туроператорах, группах и компаниях, создавая единую базу данных. CIS автоматически обменивается информацией, содержащейся в профайлах, между всеми отелями и центральным хранилищем данных, предоставляя пользователям доступ к любой необходимой информации. CIS предлагает гибкие инструменты работы с постоянными клиентами, а также централизованно рассчитывает тарифы, а затем применяет их к выбранным отелям.

Система OPERA Enterprise Solution поддерживает более 350 интерфейсов, включая интерфейс с системой управления ресторанами, телефонными системами и системами тарификации телефонных звонков и интернет-услуг, системой автоматических минибаров, системой управления счетами клиентов, системами платного телевидения, системами электронных замков, системой авторизации кредитных карт, бухгалтерскими системами.

Кроме самой системы OPERA доступен еще ряд продуктов:
1. Мобильное решение системы – OPERA Mobile – позволяет персоналу гостиницы, находясь практически в любой точке отеля, производить все необходимые операции (заселение и выписку гостей, проверку статуса номера, управление мероприятиями и многое другое).

Рис. 18. OPERA Mobile

2. OPERA Multi-Property – возможность создать единый информационный центр и осуществлять управление сразу несколькими гостиничными предприятиями в единой базе данных.

3. Специальная упрощенная версия системы Opera Xpress (для web-платформы), разработанная для небольших отелей, позволит значительно снизить издержки, используя лишь тот функционал системы, который необходим конкретной гостинице.

4. Для гостиниц с невысокими требованиями к автоматизации существует система Operetta. Включает службу приема и размещения, управление номерным фондом, кассу, процедуру завершения рабочего дня, бронирование, интерфейсы с GDS. Устанавливается за 5 дней, имеет невысокую стоимость, техподдержку.

Следующая крупная автоматизированная система управления гостиничным предприятием – Epitome Enterprise Solutions.

Производится в настоящее время компанией INFOR (http://www.infor.com/industries/hospitality/) и постоянно перекупается (до этого ей владели такие компании как SoftBrands, Inc., HIS – Hotel Information Systems). Продается на территории Российской Федерации компанией Libra Hospitality, бывшая Libra International (http://www.libra-russia.com/).

Рис. 19. Стартовое окно системы Epitome

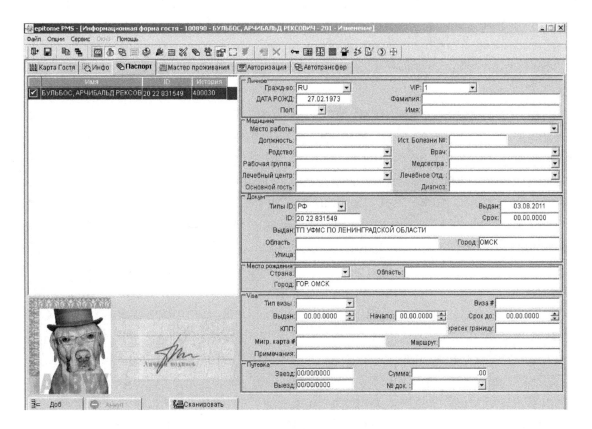

Рис. 20. Карта гостя системы Epitome

Система (бывшая Lodging Touch) — средство комплексной автоматизации деятельности гостиниц. В семейство Epitome Enterprise Solutions входят

28

системы внутригостиничного и корпоративного управления, центрального бронирования, электронной коммерции и бизнес-аналитики, каждая из которых обладает широкими возможностями интеграции с внешними приложениями[1].

Epitome Enterprise Solutions включает в себя следующие средства.

Система управления гостиницей Epitome PMS – решение для автоматизации работы гостиниц, обслуживания гостей и групп, проведения кассовых операций, организации мероприятий, управления тарифами и номерным фондом, взаимодействия с туристическими компаниями и контрагентами.

Система управления ресторанами Epitome POS – автоматизации работы множественных точек продаж в гостиницах и гостиничных комплексах. Epitome POS полностью интегрирована с системой управления гостиницей Epitome PMS.

Система интернет-бронирования Epitome WebRes – сокращает расходы по привлечению гостей и облегчает процесс бронирования номеров, превращая интернет-сайт гостиницы в интерактивный портал бронирования. Позволяет гибко устанавливать тарифы, выделять доступные номера и определять правила бронирования. Система полностью интегрирована с системой управления гостиницей Epitome PMS и устанавливается как в отдельных гостиницах, так и централизованно в качестве единого интерет-портала гостиничной сети.

Система бизнес-аналитики Epitome Business Intelligence (BI) предназначена для осуществления многомерного анализа и стратегического планирования бизнеса в рамках всего предприятия. Для оценки работы гостиницы система использует ключевые показатели деятельности, применяемые в гостиничной индустрии, такие, как средний доход на номер (RevPAR) и средний доход на гостя (RevPAC). В инструментарий системы входят информационное хранилище (Data Warehouse), витрины данных (Data Marts), средства многомерной аналитической обработки MOLAP и библиотека стандартных форм отчетности и анализа. Использование такого набора инструментов позволяет своевременно получать необходимую информацию для проведения стратегического анализа деятельности предприятия в целях расширения доли рынка, увеличения доходов и повышения загрузки гостиницы.

Система корпоративного управления Epitome Central Information System (CIS) предоставляет информационную основу и инструментарий для управления гостиничными цепочками на уровне центрального офиса. Epitome CIS позволяет достичь полного объединения данных всех гостиниц сети с максимальным уровнем детализации по каждому клиенту и каждой проводимой операции. Система эффективно решает такие задачи, как централизо-

___
[1] По материалам компании Libra Hospitality и сайта http://www.libra-russia.com.

ванное управление туристическими агентствами с консолидацией комиссионных платежей, ведение единых взаиморасчетов с контрагентами, реализация программ поощрений (бонусных программ) и др.

Система центрального бронирования Epitome Central Reservations System (CRS) предоставляет гостиничным цепочкам и управляющим компаниям возможность осуществления бронирования номеров из центрального офиса. Функциональность системы включает такие возможности, как анализ предпочтений клиента, бронирование маршрутов с проживанием в различных гостиницах, получение данных о предыдущих заездах гостя, обработку комиссионных платежей туристических агентств и выставление счетов корпоративным клиентам.

Остальные системы управления гостиницами выполняют схожие функции, но в гораздо меньшем объеме. Количество функций в системе напрямую отражается на ее стоимости.

Таким образом, основные системы, которые устанавливаются на российских гостиничных предприятиях следующие.

OPERA/Fidelio – безусловный лидер; занимает главенствующие позиции на рынке Европы; достаточно дорогая, но надежная, простая и престижная система управления; подходит для солидных гостиниц; все высококлассные гостиницы Москвы пользуются именно ей.

Epitome – в основном используется в США; установки по России – в основном в гостиницах среднего класса; не в состоянии конкурировать с системами Micros-Fidelio; дорогая система; к недостаткам можно отнести неудобный интерфейс и работу на достаточно нестабильном MS SQL-сервере; подходит для гостиниц среднего класса с ограниченным бюджетом;

«Эдельвейс» – российский продукт компании Reksoft. Распространяется компанией Эделинк (http://www.edelink.ru/); много установок, в основном, в Санкт-Петербурге (поскольку в этом городе находится офис компании); удобный интерфейс, но ограниченный функционал; большего внимания заслуживают их другие продукты – телефонный тарификатор (Barsum), фактически ставший стандартом для российских гостиниц, и тарификатор Wi-Fi Интернет (Barsum Wi-Fi) – уникальный продукт, не имеющий аналогов в России

Эдельвейс 6

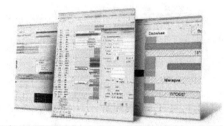

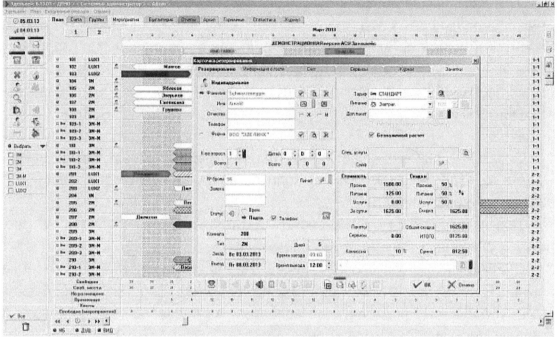

Рис. 21. АСУ Эдельвейс

Стоимость АСУ Эдельвейс может быть рассчитана индивидуально, но существуют три стандартных пакета: ЛОКАЛЬНЫЙ, МИНИ-ОТЕЛЬ и СТАНДАРТ по цене 79450 руб., 198353 руб. и 358690 руб. соответственно. Эти пакеты предоставляют: локальную, сетевую до 40 номеров и сетевую более 40 номеров версии, на 1, 2 и 3 рабочих места соответственно.

На гостиничных предприятиях нижней категории классности устанавливаются такие системы, как Shelter, Невский портье и др. – дешевые и не слишком функциональные. Данные системы позволяют осуществлять только основные функции персонала.

2.2. Выбор информационной системы управления гостиничным предприятием: основные этапы, особенности и оценка эффективности

Итак, на рынке присутствует несколько автоматизированных систем управления гостиничными предприятиями. Внедрение системы управления может идти двумя путями:

1. На основе собственных разработок IT-отдела предприятия – это тупиковый путь, поскольку такие системы не обладают большим функционалом;

2. На основе специализированных систем.

Специализированная система накапливает в себе положительный опыт эксплуатации в сотнях гостиниц. Она обязательно поддерживается фирмой-производителем, развивается вместе с развитием рынка и информационных технологий, имеет возможность усовершенствовать систему по мере необходимости.

Основные этапы выбора автоматизированной системы управления гостиничным предприятием включают в себя следующие:

1) общее ознакомление с существующими системами автоматизации на выставках, в Интернете, при личных контактах с похожими гостиничными предприятиями и т. д.;

2) контакт с фирмами-производителями автоматизированных систем управления;

3) заполнение опросника фирмы-производителя с указанием всех параметров гостиницы:

а) номерного фонда;

б) необходимости конкретных модулей системы;

в) наличия (необходимости) дополнительного программного обеспечения (АСУ ресторана, телефонной станции и тарификатора, интернет-тарификатора, системы управления электронными сейфами, мини-барами, бухгалтерия и т. д.);

г) необходимости интерфейсов к вышеперечисленным системам;

4) рассмотрение коммерческих предложений фирм-производителей, рассчитанных ими на основании опросника;

5) выбор конкретной АСУ;

6) подписание договора;

7) внедрение АСУ.

В процессе выбора системы управления гостиничным предприятием необходимо учитывать следующие особенности.

Никогда не следует торопиться при выборе системы. Следует оценить выбор системы со стратегической точки зрения.

Лучше всего при выборе системы ориентироваться на системы, выбранные ведущими гостиничными предприятиями.

Особое внимание следует обратить на вопросы технической поддержки эксплуатации системы. Фирмы-производители получают основной доход именно от поддержки своих систем. Обычно поддержка оплачивается в виде абонентской платы, рассчитанной от стоимости внедрения всей системы. Следует сопоставить стоимость поддержки с количеством услуг по этой поддержке. Обязательно должна быть круглосуточная телефонная горячая линия, возможность удаленного администрирования системы фирмой-производителем и бесплатного обновления системы (либо очень льготного).

Очень важно оценить стоимость самого внедрения системы и консультирования персонала. Стоимость внедрения приблизительно равна, а то и больше стоимости самой системы. Очень важно не промахнуться с выбором тем для консультирования персонала и объемом этого консультирования. Здесь следует четко определить лиц, для которых необходимо не простое обучение работе с системой, а более детальное и углубленное. К таковым можно отнести начальника и специалистов IT-отдела гостиницы, начальника службы приема и размещения. Для них следует заказать дополнительное консультирование, на котором следует выдать всю информацию о работе системы.

Следует обратить внимание на руководство пользователя системы. Важно, чтобы оно было написано на грамотном русском языке и содержало полные сведения о системе. Следует требовать от фирмы-производителя не только руководство по системе, но лучше всего еще и руководство по бизнес-процессам, которые система в состоянии автоматизировать. В этом случае повышается эффективность обучения персонала и отпадает необходимость лишний раз вызывать консультанта фирмы.

Важным моментом выступает возможность подключения интерфейсов как можно большего числа дополнительных гостиничных систем к системе управления гостиницей. К таковым относятся системы управления рестораном, телефонная станция и тарификатор, интернет-тарификатор, системы управления электронными сейфами, мини-барами, бухгалтерия и т. п. Если таковых систем в гостинице нет, но они планируются, то лучше всего сразу узнать, можно ли будет в дальнейшем подключить их к системе управления гостиницей. Если какие-либо системы уже установлены, то следует сразу уточнить, существует ли интерфейс к ним.

Сегодня актуальна возможность наращивания системы. Скорее всего, сразу всю систему автоматизации полностью гостиница покупать не будет, а остановится только на основных модулях. При этом следует уточнить финансовые и технические особенности внедрения других модулей (при возникновении необходимости их установки).

Что касается предварительной или текущей оценки эффективности внедрения автоматизированной системы управления гостиничным предприятием, то оценить ее довольно сложно, поскольку невозможно оценить именно вклад системы в эффективность всего гостиничного предприятия.

Прямых показателей эффективности внедрения автоматизированной системы управления нет, однако эффективность можно оценить по косвенным показателям. Например, внедрение системы может привести к:

– росту загрузки за счет более эффективного использования номерного фонда, модуля работы с групповыми бронированиями;

– росту загрузки за счет системы интернет-бронирования (по мировой статистике такой рост может составить до 10%);

– росту доходов от телефонных услуг (за счет мощной АТС гостиницы и надежного тарификатора);

– росту доходов от интернет-услуг (при внедрении широкополосного кабельного или беспроводного Wi-Fi Интернета в совокупности с интернет-тарификатором);

– существенному росту доходов от телевизионных услуг (при внедрении систем интерактивного телевидения);

– росту престижа гостиницы (за счет внедрения систем доступа и безопасности);

– росту оборота ресторана (за счет увеличения загрузки гостиницы);

– снижению суммарных издержек предприятия (за счет внедрения систем управления и контроля за запасами) и т. д.

Таким образом, к выбору системы управления гостиницей нужно подходить со всей ответственностью. При этом необходимо четко взвешенное решение, которое удовлетворяет именно гостиницу: собственника, управляющего и всего персонала.

2.3. Расчет стоимости внедрения системы управления гостиничным предприятием

Современные мощные системы управления гостиничным предприятием стоят достаточно дорого, поэтому важно иметь представление о порядке расчета стоимости.

Первое, что можно рассчитать – стоимость лицензий на само программное обеспечение. Современные системы управления лицензируются исходя из количества номеров в гостинице. Система управления состоит из модулей, на каждый из которых устанавливается своя цена за одну лицензию, например, если базовый модуль стоит 45 долл., а кроме него покупаются еще пять дополнительных модулей по цене 10 долл., то на гостиницу в 100 номеров вся система будет стоить 9,5 тыс. долл. Следует также учитывать, что часто цены даются без учета НДС, что в конечном счете еще повысит стоимость лицензий.

Следующий шаг – расчет стоимости внедрения и консультационных работ. На стоимость внедрения оказывают влияние несколько факторов, среди которых:

– количество номеров. Чем крупнее гостиница, тем сложнее внедрение системы;

– тип средства размещения (гостиница, санаторий, пансионат, дом отдыха, спортивный парк, апарт-отель и т. д.);

– технология управления: допускается ли начисление услуг на номер или услуги должны оплачиваться по факту оказания, что выступает единицей номерного фонда (номер или койко-место), вариант учета реализации услуг в бухгалтерии, наличие фиксированного расчетного часа.

Количество консультационных работ рассчитывается в консультанто-часах и консультанто-днях (из расчета, что один консультант в день работает 8 часов).

Внедрение и консультационные работы включают в себя консультации по конфигурации системы, технические работы (настройку сервера, рабочих станций, фискальных принтеров, настройку интерфейсов), обучение персонала, ввод системы в эксплуатацию и живую поддержку в первые дни работы системы. Каждый вид работы рассчитывается в нормативных часах в зависимости от объема работы и ее сложности. В итоге получается количество консультанто-часов и консультанто-дней. Оплата происходит за консультанто-день. Если, например, для средней гостиницы внедрение происходит за 40 консультанто-дней, а стоимость консультанто-дня составляет, например, 300 долл., то стоимость услуг по внедрению и консультированию будет 12 тыс. долл.

Далее рассчитывается стоимость прикладного программного обеспечения, к которому можно отнести, например, систему интернет-бронирования или систему управления мероприятиями. Какие-то системы рассчитываются исходя из номерного фонда (например, интернет-бронирование), какие-то не зависят от количества номеров. К прикладному программному обеспечению также относятся интерфейсы к прочим гостиничным системам. Таким образом, если устанавливается система интернет-бронирования, ее стоимость составляет 35 долл. за одну лицензию, а также закупается система управления мероприятиями стоимостью 7 тыс. долл., то общая стоимость систем будет 10,5 тыс. долл. Стоимость установки интерфейсов различна и колеблется от 400 до 2 000 долл. (при средней цене, допустим, 500 долл. на 8 интерфейсов стоимость равна 4 тыс. долл.). Стоимость услуг по внедрению прикладного программного обеспечения также различается от системы к системе и рассчитывается также на основе количество консультанто-дней, требуемых для установки и настройки, Например, при установке 10 единиц программного обеспечения, включая интерфейсы по одному консультанто-дню на каждую по цене в 300 долл. за день получим 3 тыс. долл.

Таким образом, сводные данные по стоимости автоматизации гостиницы могут выглядеть следующим образом:

– программное обеспечение – 9,5 тыс. долл.;

– внедрение и консультационные услуги по основному программному обеспечению – 12 тыс. долл.;

– дополнительное программное обеспечение – 14,5 тыс. долл.;

– внедрение и консультационные услуги по дополнительному программному обеспечению – 3 тыс. долл.

Итоговая стоимость внедрения автоматизированной системы управления гостиничным предприятием в данном случае составит 39 тыс. долл., а с учетом текущего НДС – около 46 тыс. долл.

Сразу же следует оценить и стоимость услуг по поддержке и обслуживанию системы управления, которые обычно включают круглосуточную горячую линию поддержки, консультации пользователей, поддержку по удаленному доступу, выезд специалиста при невозможности устранения неисправностей с помощью удаленного доступа, установку новых версий программного обеспечения. Услуги по поддержке рассчитываются определенным процентом (например, 5% от стоимости системы и интерфейсов).

Стоимость более простых систем, например, «Эдельвейс», Shelter, существенно ниже. Цены на системы можно посмотреть на веб-сайтах этих фирм-производителей.

ГЛАВА 3. СИСТЕМЫ УПРАВЛЕНИЯ РЕСТОРАННЫМ ПРЕДПРИЯТИЕМ

3.1. Возможности современных систем управления ресторанными предприятиями

На современном рынке программных средств управления ресторанным бизнесом присутствует большое количество систем. Основные участники, представленные на российском рынке – Micros (http://www.micros.com/, http://www.hrs.ru/), R-Keeper (http://www.ucs.ru/), XPOS («Компас») (http://www.incomsoft.ru/), «Эксперт» (http://www.averstech.ru/), «РСТъ Ресторатор» (http://www.pct.ru/), АСТОР (http://www.1c-astor.ru/), Epitome POS (http://www.libra-russia.com/), Tillypad (http://www.tillypad.ru/).

Любая система управления ресторанным предприятием состоит из двух элементов. Первый — оборудование и программное обеспечение торгового зала и производства; второй – система учета и общего управления.

В торговом зале ресторана устанавливаются рабочие станции официантов,

Рис. 22. Рабочая станция официанта

которые могут быть дополнены системой ввода заказов с помощью наладонных компьютеров

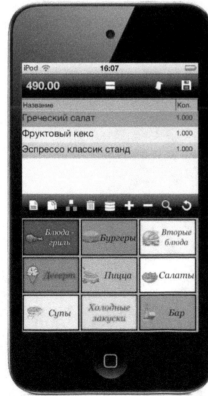

Рис. 23. Наладонные компьютеры официантов

или планшетов,

Рис. 24. Планшет официанта

рабочие станции кассиров, к которым подключаются фискальные принтеры.

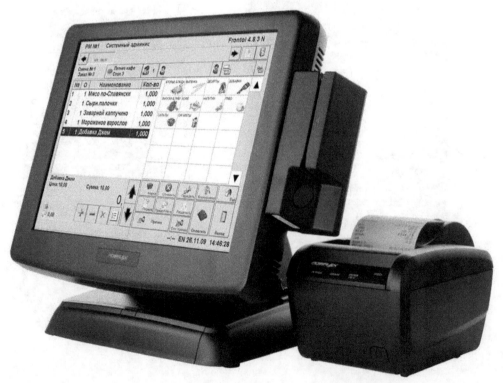

Рис. 25. Рабочая станция с подключенным фискальным регистратором

Фискальный принтер (регистратор) представляет собой специализированную контрольно-кассовую машину, которая работает только в составе компьютерно-кассовой системы. В Российской Федерации использование подобных систем регулируется законом «О применении контрольно-кассовой техники при осуществлении наличных денежных расчетов и (или) расчетов с использованием платежных карт».

Фискальный регистратор фактически является принтером чеков, оснащенным фискальной памятью.

Самые известные фискальные принтеры – Штрих-ФР-К и Спарк.

Штрих-ФР-К

Контрольно-кассовая машина "ШТРИХ-ФР-К" - проверенный временем фискальный регистратор. ШТРИХ-ФР-К позиционируется, как лучший фискальный регистратор на Российском рынке. Обладает отличной функциональностью, большой производительностью и высокой надежностью. 80% предприятий работающих в сфере торговли сделали свой выбор в пользу ШТРИХ-ФР-К.

Рис. 26. ШТРИХ-ФР-К

СПАРК-115К

Фискальный регистратор СПАРК-115К создан на базе новейшего термопринтера EPSON TM-T70, обеспечивает превосходное качество печати, имеет высокую надежность и длительный срок службы. Предназначен для регистрации наличных денежных расчетов и/или расчетов платежными картами в магазинах, отелях и ресторанах. Имеет блок фискальной памяти и электронную контрольную ленту защищенную (ЭКЛЗ), которые обеспечивают некорректи-руемую регистрацию и энергонезависимое долговременное хранение итого-вой информации о денежных расчетах, а также возможность осуществления налоговыми органами контроля за полнотой учета выручки. Загрузка бумаги и выдача чека с передней панели позволяет встраивать принтер в прилавок или в платежный терминал (киоск).

Рис. 27. СПАРК-115К

принтеры печати гостевых счетов (слип-принтеры, имеющие возмож-ность распечатки счетов на фирменных бланках ресторана)

Рис. 28. Слип-принтер

электронные денежные ящики.

Рис. 29. Денежный ящик

В бэк-офис устанавливаются рабочие станции директора, менеджера, бухгалтера, начальника склада и прочего руководящего персонала (обычные компьютеры).

На кухне устанавливаются специальные кухонные принтеры, на которых распечатываются заказы на приготовление блюд. Такие принтеры изготавливаются по технологиям, обеспечивающим работу в достаточно экстремальных условиях: повышенная влажность, грязные руки персонала и т. п.

Рис. 30. Кухонные принтеры

Кухонные звонки предназначены для оповещении поваров о поступлении нового заказа.

Рис. 31. Кухонный звонок

Кухонное табло показывает поступившие заказы, их состояние и время приготовления.

Рис. 32. Кухонное табло

Наконец, сама система управления рестораном устанавливается на отдельном сервере, который может быть соединен с системой управления гостиницей напрямую или через сервер интерфейсов, устанавливаемый для обработки данных всех имеющихся интерфейсов при их существенном количестве.

Автоматизированная система управления ресторанным предприятием представлена на рисунке.

Рис. 33. Автоматизированная система управления рестораном

Технология работы персонала ресторана с клиентом следующая:

1. Официант принимает заказ от клиента и вводит его либо с наладонного компьютера, либо со стационарной рабочей станции, оснащенной сенсорным дисплеем.

2. Заказ автоматически обрабатывается системой управления рестораном и распределяется среди исполнителей: заказы по блюдам распечатываются на кухонных принтерах, установленных в соответствующих производственных цехах ресторана, заказы по алкогольным, безалкогольным напиткам и прочей барной продукции – на барном принтере.

3. После выполнения текущего заказа возможно либо ввести дозаказ, либо произвести расчет с клиентом.

4. При расчете с клиентом сначала на слип-принтере на фирменном бланке ресторана распечатывается гостевой счет, который относится гостю.

5. При окончательном расчете распечатывается чек на фискальном принтере, счет гостя закрывается, а столик отмечается в системе как свободный и готовый для приема следующего клиента.

Конечно, вариантов работы системы управления рестораном очень много. Например, за одним столиком могут обслуживаться несколько клиентов, возможно разделение счета между клиентами, начисление ресторанного счета на гостиничный счет клиента (при установленном интерфейсе с системой управления гостиничным предприятием), расчеты кредитными картами и т. д.

Рассмотрим самые распространенные системы управления ресторанными предприятиями, их возможности и особенности функционирования.

Система Micros – самое полное решение для автоматизации ресторанного предприятия, обладающее гибкой настраиваемой структурой и максимальной функциональностью. К системе Micros возможно подключение дополнительных систем и оборудования.

Терминал Micros – основной элемент системы. Он представляет собой полноценную рабочую станцию с сенсорным дисплеем, с помощью которого осуществляются все действия по приему и обработке заказов. Кроме терминала имеется весь спектр дополнительного оборудования: фискальные принтеры, слип-принтеры, ролл-принтеры.

Существуют несколько систем Micros:

– MICROS 3700 - мощное решение как для небольшого ресторана, так и для крупных предприятий питания и развлекательных центров.

Рис. 34. Micros 3700

– MICROS e7 — легкое и простое решение для контроля операционной деятельности ресторана. Применима в небольших ресторанах, не требующих сложной и дорогостоящей автоматизации. Позволяет визуализировать доход, контролировать остатки на складах, понимать затраты на персонал и доходность бизнеса. Система защищена от взлома и злоупотреблений.

Рис. 35. Micros e7

– MICROS Simphony – современное комплексное решение, независимо от количества терминалов в системе (может измеряться тысячами). Оно включает в себя непосредственно саму кассовую систему, решение бизнес аналитики mymicros, а также позволяет интегрировать системы складского учета myinventory, управления и планирования персоналом mylabor, контроля за злоупотреблениями XBR.

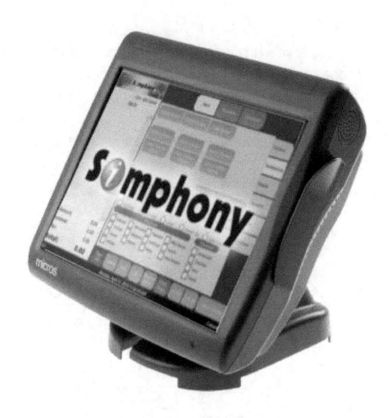

Рис. 36. Micros Simphony

– mStation. Рабочая станция MICROS mStation представляет собой два модуля: стационарная док-станция и подключаемый к ней переносной планшет mTablet, который может работать в качестве мобильного терминала:

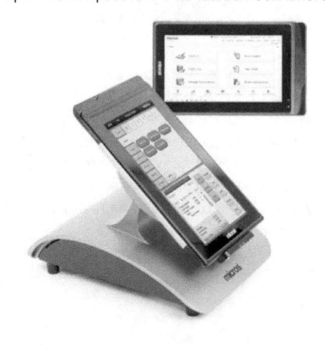

Рис. 37. Micros mStation

Стационарная станция mStation является одновременно зарядным устройством для mTablet и источником питания для всех периферийных устройств, таких как дисплей покупателя, сканер штрих-кодов, встраиваемый принтер, а также обеспечивает подключение денежного ящика.

Планшет mTablet оснащено сенсорным экраном, отлично видимым при солнечном свете, а также встроенным считывателем магнитных карт, позволяющем проводить платежи практически в любом месте, как внутри помещений, так и на открытом воздухе. Есть поддержка проводной и беспроводной сети.

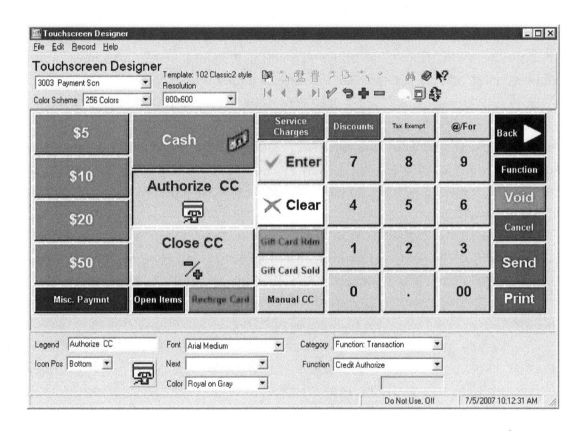

Рис. 38. Окно Micros

Система управления рестораном Micros позволяет принимать заказ на весь стол или на каждое место за столом, что очень удобно при необходимости разделения счетов.

Система обладает широкими возможностями настройки пользовательского интерфейса. В поставку системы входит модуль разработки пользовательского интерфейса (Touchscreen Designer), позволяющий полностью настроить внешний вид экрана терминала.

Автоматизированная система управления рестораном Micros — это не только средство работы в торговом зале ресторана. В систему Micros

Restaurant Enterprise Series (RES) входят такие средства управления рестораном, как

– Cash Management (предназначено для мониторинга потоков денежных средств ресторана),

– Mobile Micros Handheld (мобильное решение системы управления),

– Enterprise Management (позволяет централизованно управлять сетью ресторанов),

– Financial Management Back Office System (чрезвычайно гибкое средство анализа и отчетности, позволяющее точно определять эффективность деятельности ресторана),

– Kitchen Display System (Кухонные дисплеи – возможность отслеживать время приготовления. Отображение заказов на экранах, изменение цвета заказа по истечении определённого времени, специальные символы, определяющие статус заказа. Оснащены выносной влаго/жаростойкой клавиатурой),

– Модуль учёта рабочего времени T&A. Осуществляет контроль времени прихода на работу сотрудников, времени потраченного на обеденный перерыв, расчет заработной платы и т.д. Объективность данных поддерживается обязательной авторизацией руководством любых отклонений от графика работы сотрудника. Система позволяет вести рабочее расписание, и получать различные отчеты,

– MyLabor. Позволяет с помощью интернета управлять графиками работы персонала, отпусками, отгулами, больничными. Система способна автоматически прогнозировать посещаемость ресторана и на основе этих данных выстраивать расписания сотрудников. Сотрудник может с помощью интернета просматривать свой график и выбирать предлагаемые варианты графиков,

– Модуль доставки. Помогает отслеживать все заказы, доставляемые клиентам, контролировать занятость водителей, скорость приготовления блюд и время доставки. В системе сохраняются все заказы сделанные клиентами ранее и возможность скопировать их в новый чек. Имеется единая база контактов клиентов и встроенные карты города с определением времени доставки.

– Модуль бронирования столиков. Позволяет вести лист ожидания, бронировать столики в системе, а так же отслеживать статус столиков: занят, расплатился, грязный, чистый, объединять столы. Данное решение позволяет управлять нагрузкой на официантов в заранее определенных зонах обслуживания. Менеджер может управлять официантами с мобильного терминала.

– Product Management (средство анализа деятельности ресторана, предоставляющее информацию о действительном состоянии запасов, себестоимости продукции и всех происходящих в ресторане бизнес-процессах).

В дополнение к основному модулю системы Micros существуют следующие программные продукты.

Модуль iCare – клубный модуль, формирующий постоянную клиентуру ресторана или всех заведений, входящих в единую сеть. Модуль iCare позволяет руководству мгновенно анализировать предпочтения клиентов и принимать верные решения о блюдах, предлагаемых рестораном, уровне обслуживания и работе персонала. iCare предоставляет следующие возможности для пользователей: анализ поведения гостей и их предпочтений, проведение эффективных маркетинговых акций, определение как постоянных, так и случайных клиентов для оценки эффективности проведения маркетинговых акций, определение демографического портрета гостей и разбивку по типам посетителей, выдачу бонусных карт, которые могут быть использованы гостями в качестве кредитных или дебетовых (причем в любой момент можно проверить, какая сумма на счете, запросить новую карту в случае утери старой и попросить дополнительный кредит используя веб-сайт), использование клубных карт для питания сотрудников, а также имеет расширенные возможности отчетности

Система предотвращения потерь (Integrated Loss Prevention Software) MICROS XBR позволяет сократить злоупотребления персонала, повысить производительность труда сотрудников и увеличить эффективность складского хозяйства. Модуль отслеживает и производит анализ более 100 подозрительных ситуаций, таких как отмена транзакции, возврат, операции с кредитными/дебетовыми картами, подарочными картами, предоставление скидок, изменение цены и т.д., предоставляет пользователю подробные отчеты.

Модуль iPOS (кассовый терминал Интернет), преимуществами которого выступают легкость в эксплуатации и обучении пользователей любого уровня, автоматическое обновление на сервере при добавлении новых функций и опций, автономная система, гарантирующая, что кассовый терминал продолжит работать, даже если интернет-соединение будет прервано.

Следующая система управления ресторанным предприятием – Epitome POS изначально создана для использования в гостиничных ресторанах и использует общую с гостиничной системой базу данных. Система позволяет автоматизировать совместную работу нескольких точек продаж гостиницы, создавая единый справочник блюд. Рабочие станции системы epitome POS – сенсорные POS-терминалы компании Posiflex (http://www.posiflex.com/).

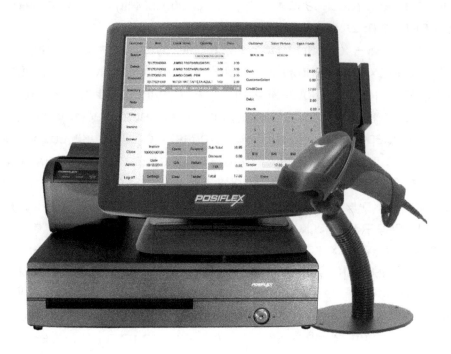

Рис. 39. Терминал Posiflex

В качестве дополнительного оборудования выступают считыватели магнитных карт, принтеры, денежные ящики, фискальные регистраторы, дисплеи покупателя.

Система R-Keeper (http://www.ucs.ru/).

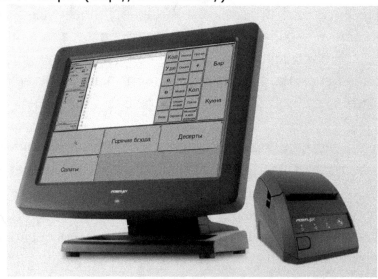

Рис. 40. R-Keeper

Широко распространенная на территории Российской Федерации (имеется свыше 38 тыс. установок), представляющая собой модульное программное обеспечение, в минимальной установке требующее только одного кассового аппарата и рабочих станций, количество которых ограничено только возможностями локальной сети ресторана.

Система R-Keeper включает в себя модули станции официанта, мобильной станции официанта, кассы, бара, станции менеджера, интернет-мониторинга, склада и учета рабочего времени. В качестве дополнительного оборудования присутствуют фискальные регистраторы, рабочие станции (UCS-POS, AEGIS TS, R-Keeper TS, Line POS), торговые принтеры, дисплеи покупателя, денежные ящики, клавиатуры, бильярдный модуль.

Система XPOS (бывшая «Компас» (http://www.incomsoft.ru/) – модульная система управления рестораном, включающая полную автоматизацию обработки заказа, учета остатков на складе, в производстве, контроль за работой персонала, анализ эффективности деятельности. Бухгалтерская отчетность может вестись в любом специализированном программном обеспечении.

Остальные системы управления рестораном выполняют схожие функции. Ознакомиться с их возможностями можно самостоятельно посетив сайты фирм-производителей.

3.2. Расчет стоимости внедрения системы управления ресторанным предприятием

Как и в случае системы управления гостиничным предприятием, внедрение автоматизированной системы ресторанного предприятия – очень сложный и достаточно дорогой процесс. В первую очередь следует определиться с местонахождением, номенклатурой и количеством оборудования системы управления рестораном, затем выбрать основное и дополнительное программное обеспечение, определиться с необходимым количеством часов обучения персонала. Следует также сразу определиться с необходимостью установки интерфейса системы управления рестораном с гостиничной системой управления.

Основой при расчетах стоимости внедрения системы управления рестораном служит понятие «точка продаж», код которой понимается место оказания услуг, характеризуемое уникальностью меню. Например, если в одном помещении находятся ресторан и бар, причем в баре реализуется точно такое же меню, как и в ресторане, то это считается одной точкой продаж. Наоборот, если ресторан и бар, даже находящиеся в одном и том же месте, работают по разным меню, то это будут две точки продаж.

Итак, допустим, что в гостинице имеются два ресторана, бар и ночной бар, работающие по различным меню. В таком случае количество точек продаж будет равняться четырем. При стоимости установки одной точки продаж в районе 2000 долл., получим 8 тыс. долл. за программное обеспечение. Стоимость установки и консультационного обслуживания будет зависеть от количества обучаемого персонала и требований к самому обучению. При полной установке системы за 20 консультанто-дней получим еще 6,5 тыс долл. Таким образом, общая стоимость системы управления рестораном составит 14,5 тыс долл. В данную стоимость не включено дополнительное оборудование: фискальные, гостевые, кухонные принтеры, кассовые ящики, настройка интерфейса с системой управления гостиничным предприятием.

ГЛАВА 4. ПРОЧИЕ СИСТЕМЫ АВТОМАТИЗАЦИИ

4.1. Компьютерное оборудование

Современное предприятие индустрии гостеприимства находится на пике развития информационных технологий, поэтому необходимо иметь представление о номенклатуре и характеристиках компьютерного оборудования, требуемого для корректной и бесперебойной работы всех систем управления. Перечень компьютерного оборудования состоит из следующих элементов:

1. Серверы баз данных систем управления

Рис. 41. Серверы баз данных гостиницы

Это мощные компьютеры, позволяющие вести распределенные вычисления. Количество серверов зависит от размеров предприятия и количества рабочих систем управления: в максимально возможном варианте должны быть установлены сервер системы управления гостиничным предприятием, сервер системы управления ресторанами, интернет-сервер, серверы обслуживания систем управления электронными замками, сейфами, телефонной станции, тарификатора и прочих гостиничных систем, а также отдельный сервер управления интерфейсами (в случае если автоматизированных систем в гостинице достаточно большое количество, то такой сервер будет отвечать исключительно за обработку и передачу данных из различных систем в гостиничную систему). На каждом сервере должно быть установлено программное обеспечение (операционная система, система управления базами данных) в соответствии с требованиями установленных гостиничных систем.

Основные требования к аппаратной части сервера следующие – наиболее мощный на текущий момент процессор, максимально возможное количество оперативной памяти, максимальный объем дискового пространства (жесткие диски должны быть объединены в массивы, обеспечивающие зеркалирование данных и возможность горячей замены), сервер интерфейсов должен иметь специализированную плату расширения портов.

2. Рабочие станции персонала.

Рис. 42. Рабочие станции

Требования к вычислительной мощности рабочих станций не так высоки, как для серверного оборудования. Достаточно иметь среднюю на текущий момент конфигурацию, но следует обращать внимание на удобство работы с компьютерной техникой: большие мониторы, мягкие клавиатуры, высокая отказоустойчивость и т. д.

3. Принтеры. Необходимость в данных устройствах определяется объемами печати на каждом предприятии. Обычно объемы печати очень велики: ведение корреспонденции с клиентами, распечатка текущих документов, объ-

емные отчеты, печатающиеся каждый день – все это приводит к необходимости выбора мощных принтеров, рассчитанных на большой ресурс работы.

Рис. 43. Принтер

Как вариант следует рассматривать использование сетевых принтеров, позволяющих распечатывать документы с высокой скоростью и минимальным временем ожидания.

Структура гостиничного предприятия с указанием необходимого количества персональных рабочих станций представлена на рисунке.

Данная схема соответствует московскому гостиничному предприятию категории «пять звезд» с размером номерного фонда – 250 номеров. На данном рисунке цифрами указано количество персональных рабочих станций по отделам гостиницы. Как видно из этого рисунка, наибольшее количество компьютерной техники приходится на отдел продаж и отдел размещения. Именно эти отделы также имеют наибольший документооборот, соответственно они должны быть оснащены максимально производительными принтерами.

В данную структуру не включено такое подразделение гостиничного предприятия как бизнес-центр. Количество компьютерной техники в бизнес-центре напрямую зависит от интенсивности пользования клиентами услугами данного подразделения. Конечно, бизнес-центр должен комплектоваться самой современной и производительной техникой.

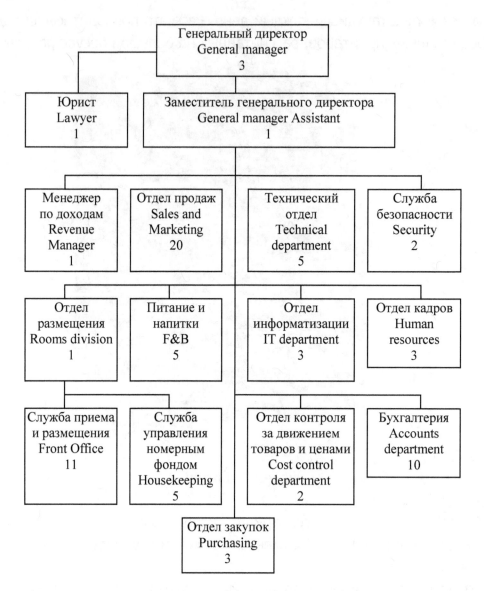

Рис. 44. Структура гостиничного предприятия и количество рабочих станций

Отдельным важным моментом выступает мультимедийное оборудование. К ним относятся следующие системы:

1. Радиомикрофонные системы, представляющие собой многоканальные приемники в совокупности с радиомикрофонным оборудованием, используемые в залах различного размера.

Рис. 45. Радиомикрофонные системы

2. Слайд-проекторы, обеспечивающие наивысшее качество изображения, снабженные многоформатными магазинами, автофокусировкой, устройствами мягкого подъема слайдов, антиблокировки, проводного или беспроводного дистанционного управления сменой слайдов в любых направлениях.

Рис. 46. Слайд-проектор

3. Мультимедиа-проекторы для проведения презентаций, развлекательных мероприятий, обладающие высокой контрастностью изображения,

возможностями работы в локальной сети, полнофункциональным дистанционным управлением.

Рис. 47. Мультимедиа-проектор

4. Интерактивные панели с большими размерами экрана, имеющими встроенный тюнер, высокое качество изображения, большой срок службы, прогрессивную развертку, динамическую контрастность, большие углы обзора, высокое качество звука.

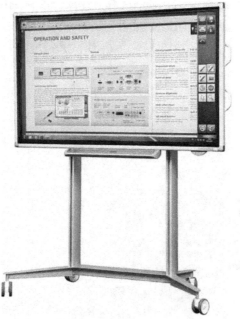

Рис. 48. Интерактивная панель

5. Оверхед-проекторы, обеспечивающие высокую четкость и яркость изображения, встроенные системы диагностики и автозамены ламп.

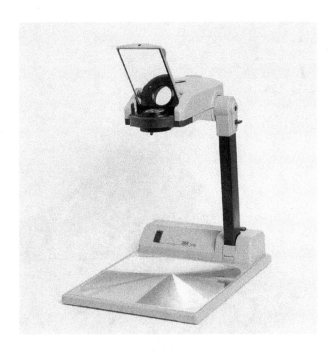

Рис. 49. Оверхед-проектор

6. Эпископы, позволяющие отображать подлинные документы (страницы книг, журналов), обеспечивающие высокую яркость, четкость и передачу цвета.

Рис. 50. Эпископ

7. Документ-камеры – современный инструмент прогрессивного сканирования, позволяющий работать с документами и проводить видеоконференции. Качество работы повышается при наличии антибликового освещения, автофокуса, автоматической коррекции контраста. Все это предназначено для качественной мобильной презентации.

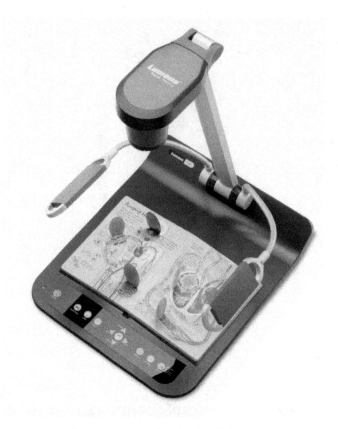

Рис. 51. Документ-камера

8. Настольные видеокамеры, позволяющие проводите видеоконферен-ции.

Рис. 52. Настольная видеокамера

9. Электронные доски совмещающие вывод готовых изображений с написанием информации обычными маркерами.

Рис. 53. Электронная доска

Таков далеко не полный перечень современного мультимедийного оборудования, используемого на предприятиях индустрии гостеприимства. Конечный набор оборудования зависит от классности гостиницы и востребованности соответствующих услуг.

Важным моментом при внедрении систем управления выступает программное обеспечение общего назначения, без которого системы управления не могут работать. Каждая АСУ требует определенного набора системного программного обеспечения. К нему относятся:

– операционная система серверов, которая должна отличаться повышенной надежностью, масштабируемостью и управляемостью;

– операционная система рабочих станций;

– системы управления базами данных. Основные программные средства – Microsoft SQL Server, продукция Oracle и Sybase.

–средства управления корпоративными сетями, в том числе удаленного.

4.2. Телефонные станции и телефонные тарификаторы

Одновременно с развитием информационных технологий и систем управления предприятиями крупные международные компании разрабатывали средства для организации удобной офисной телефонии. В результате на рынке появились офисные мини-АТС (автоматические телефонные станции). Со временем стоимость мини-АТС снижается, а набор их функций расширяется. На российском рынке широко представлено коммуникационное оборудование многих фирм: Avaya, Alcatel, Ericsson, NEC, Nortel, Siemens, 3CX, но наиболее известно оборудование фирмы Panasonic.

Характеристики этих офисных АТС позволяют гибко конфигурировать системы связи[1]. Мини-АТС можно разделить на две категории: аналоговые и цифровые АТС, включающие цифровые IP АТС.

К оборудованию мини-АТС относятся собственно модуль АТС,

Рис. 54. Модуль АТС

различные платы расширения АТС (например, плата голосовой почты, плата расширения портов и т. д.),

---

[1] http://www.sv-optima.ru/.

Рис. 55. Плата расширения АТС

консоль оператора

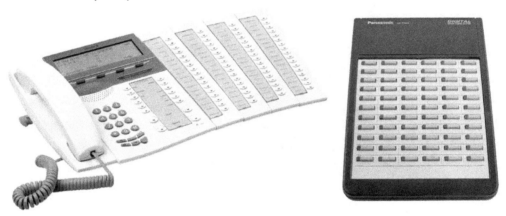

Рис. 56. Консоль телефонного оператора

и системные телефоны для:
– персонала

Рис. 57. Телефон для персонала

– гостевые

Рис. 58. Гостевой телефон и телефон для ванных комнат

–для гостевых ванных комнат

Мини-АТС гостиничного предприятия должна обеспечивать дополнительные специфические функции.

Рис. 59. АТС Panasonic

Примером мини-АТС гостиницы может служить АТС Panasonic серий КХ-TDA, TDE, которые поддерживают следующие гостиничные функции: заселение/отъезд (с индикацией на телефоне оператора занят номер или свободен, если свободен – убран или нет), информация о статусе номера (убран или нет, заполненность мини-бара и т. д. с индикацией на телефоне оператора), включение/отмена и подтверждение для оператора звонка будильника на телефоне в номере для побудки гостей, включение светового индикатора сообщения (позволяет проинформировать гостя о поступлении звонков для него; если к АТС подключена система голосовой почты TVP, то звонящий может оставить информацию для гостя, а индикатор проинформирует его о поступившем сообщении), быстрый набор (позволяет вызывать сервисные службы гостиницы набором одной цифры), горячая линия (устанавливает соединение с оператором/дежурным простым поднятием трубки), дистанционная блокировка телефонов в номерах гостей с телефона оператора, формирование и распечатка счета на русском языке с указанием даты заселения, отъезда, номера комнаты, информации о сделанных звонках и их стоимости, стоимости услуг мини-бара и других услуг, распечатка информации о заселении номера, состоянии номера и мини-бара, неподтвержденных звонках побудки. Встроенный интерфейс компьютерного управления системой интегрирует АТС с большинством наиболее известного гостиничного программного обеспечения.

Примерная структура АТС гостиницы показана на рисунке.

66

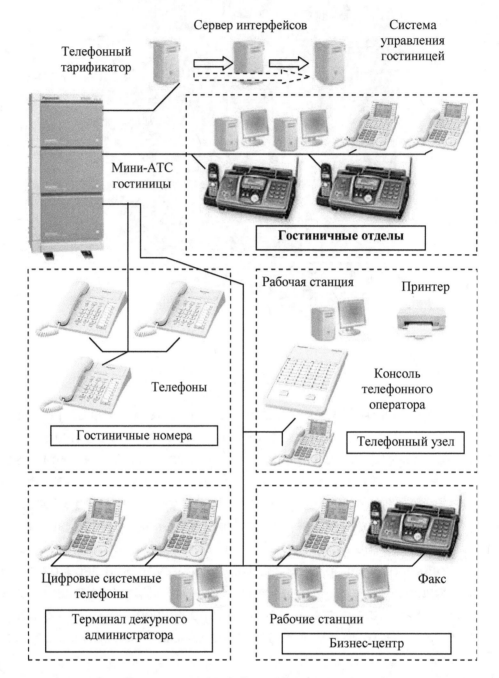

Рис. 60. Организация телефонной сети гостиницы на базе мини-АТС

Системный модуль АТС выступает мощным телекоммуникационным центром с широкими возможностями. Основной характеристикой системного модуля является максимальное количество портов (внешних и внутренних), например, у офисной АТС Panasonic KX-TD500 RU таких портов до 640 внешних линий, до 960 внутренних линий, 512 мобильных абонентов.

Консоль оператора содержит ряд кнопок прямого вызова, кнопки с индикатором «линия занята», кнопку ответа и кнопку сброса.

Системные телефоны, устанавливаемые у дежурного менеджера и в гостиничных отделах, должны иметь большой жидкокристаллический дисплей, переназначаемые кнопки внешних линий, функции быстрого программирования и набора номера, возможность принятия сообщения о вызове при снятой трубке, функции приема сообщений и порты для дополнительных устройств.

Наконец, гостевые телефоны должны иметь несколько программируемых кнопок, регулировку громкости звонка и трубки, световую индикацию наличия сообщений и порты для дополнительных устройств. Для гостиниц высокого класса существуют специальные гостевые телефоны с активным жидкокристаллическим дисплеем, позволяющим управлять всеми устройствами в номере от включения/выключения света, управления кондиционером и телевизором до заказа питания в номер.

Для расчета конфигурации гостиничной мини-АТС необходимо знать следующие параметры: количество и тип внешних соединительных линий, требуемое количество абонентских линий (аналоговых, цифровых, абонентских линий системы беспроводной связи DECT), требуемое количество абонентских терминалов (цифровые и аналоговые аппараты), необходимость дополнительного оборудования (система тарификации, резервное электропитание, аварийная кроссировка, расширенная конференц-связь, управляющий терминал, цифровая система записи переговоров, система голосовых сообщений).

Примерную стоимость можно рассчитать исходя из следующих цен.

АТС Panasonic KX-TD

Наименование	Модель	Цена, долл.
Системный блок(версия 2.4)	KX-TDE600	3500
Блок расширения		999
Цифровая гибридная плата (8 с режимом XDP)		350
Плата расширения внутренних телефонов (16)		355
Плата конференц-связи		495
Плата ISDN BRI (8 портов)		760
Плата расширения городских линий (8)		265
Плата удаленных абонентов		450
Плата удаленного доступа		299
Плата высокоскоростного удаленного доступа		335

Системные телефоны к АТС KX-TD

Наименование	Цена, долл
Системный телефон (24 кнопки, спикерфон, ЖКИ,JOGDIAL)	128
Системный телефон (12 кнопок, спикерфон, БЖКИ,JOGDIAL)	185
Системный телефон (12 кнопок, монитор, JOGDIAL)	86
Консоль, 64 кнопки	98
Консоль, 48 кнопок, кнопки «Answer», «Release»	98
Системный телефон, 8 кнопок, 1 строчный ЖКИ	63
Системный телефон, 8 кнопок	60

68

Стоимость услуг по внедрению АТС в гостинице

Услуги	Цена, долл.
Подключение и программирование:	
АТС	10% от стоимости *
TVP-200 (MailBox)	200
TVP-200 (CallCenter)	500
Прочие услуги:	
Техобслуживание (дополнительные работы):	
вызов	10
1 час работы	20
Кабель «Витая пара» 8 проводов	0,4 за 1м
Монтаж электротехнического короба, за 1 м.	2-3
Установка программы тарификации	30
Кабельная разводка (наружная) для любой станции, включая стоимость расходных материалов**	6$ за порт
Кабельная разводка (наружная) для любой станции, без стоимости расходных материалов**	4,4$ за порт
Кабельная разводка (в коробах) для любой станции, включая стоимость расходных материалов**	30$ за порт
Кабельная разводка (в коробах) для любой станции, без стоимости расходных материалов**	15$ за порт

В стоимость входит цена оборудования, монтажного комплекта и системных телефонов.
**При монтаже на нескольких этажах вводится повышающий коэффициент — 1,2 за каждый дополнительный этаж.*
При наличии проходных бетонных стен вводится повышающий коэффициент — 1,2.

Для современного гостиничного предприятия важным моментом при создании единой телекоммуникационной структуры выступают выбор и установка **тарификатора телефонных разговоров**.

Телефонный тарификатор позволяет собирать информацию о телефонных звонках (время/дату, набранный номер, длительность и т. д.) и в дальнейшем ее обрабатывать. Полученные результаты могут быть использованы для сопоставления счетов за телефонные переговоры, выставленные городской АТС, анализа загруженности, разделения и выписывания счетов за телефон клиентам гостиницы. Тарификатор содержит базу кодов городов и стран, позволяет использовать различные тарифы, в том числе льготные коэффициенты для звонков некоторых абонентов или по определенным телефонным номерам.

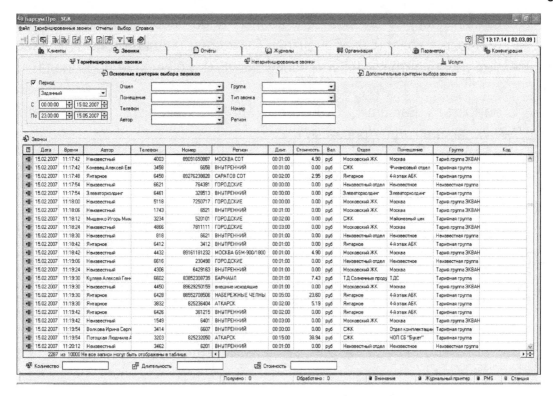

Рис. 61. Окно телефонного тарификатора

Систем тарификации телефонных переговоров сегодня имеется достаточно большое количество, однако наиболее распространенным на гостиничных предприятиях выступает тарификатор Barsum Pro, производимый компанией Рексофт (http://www.reksoft.ru/).

Тарификатор Barsum устанавливается на компьютере, подключенном к мини-АТС через специальный SMDR-порт, предназначенный для выдачи информации о звонках, идущих через АТС. Информация с SMDR-порта принимается тарификационной системой, обрабатывается и сохраняется в базе звонков (получение всех сведений о звонке: его авторе, стоимости звонка, направлении, куда был сделан звонок и т. д.).

В дальнейшем эту информацию можно просматривать, делать запросы для автоматического поиска интересующих пользователя данных, экспортировать данные в другие приложения, а также выводить в виде отчетов и счетов[1]. Отчеты системы «Барсум» содержат не только данные, хранящиеся в системе, но и результаты их статистической обработки, имеет возможность создавать свои форматы отчетов или встраивать в систему новые типы, разрабатываемые компанией-производителем.

---

[1] http://www.reksoft.ru/.

Стоимость тарификаторов телефонных переговоров рассчитывается на основе количества конечных абонентов. Также при оценке стоимости внедрения следует учесть затраты на установку системы и обучение персонала.

Стоимость Barsum Office/Pro для конечных пользователей (http://www.barsum.ru/buy/price-list/)

Количество абонентов	Barsum Office	Barsum Pro
до 10	300	619
до 25	415	875
до 50	540	1.138
до 100	700	1.475
до 200	900	1.913
до 500	—	2.700
до 1.000	—	3.506
до 2.000	—	4.550
более 2.000	—	по запросу

Дополнительные услуги

Услуга	Цена
Установка и настройка системы	100 у.е./час
Модуль интеграции с PMS	1000 у.е.
Лицензия на разовый доступ к онлайн-системе "Специализированный курс по работе с ПО линейки Barsum Office/Pro"	250 у.е.

4.3. Локальные сети, организация доступа в Интернет, интернет-тарификаторы

Любое современное предприятие индустрии гостеприимства характеризуется огромными информационными потоками, поэтому внедрение и широкое использование локальных вычислительных сетей (LAN – Local Area Network) стало стандартом.

Локальная сеть предприятия обеспечивает взаимодействие всех систем предприятия. Локальная сеть предприятия индустрии гостеприимства содержит в себе следующие сегменты: сегмент Интранет – внутренняя сеть, обеспечивающая функционирование самого предприятия и объединяющая структурные подразделения и внутренние информационные потоки; сеть общественного доступа (гостевого), которая может иметь подсегмент беспроводных общественных точек доступа (хот-спотов), а также, безусловно, инфраструктуру для обеспечения удаленного доступа, включающую возможность выхода в глобальную сеть Интернет как для сотрудников, так и для гостей.

Информационные сети предприятия индустрии гостеприимства могут строиться на основе кабельных, беспроводных и смешанных систем.

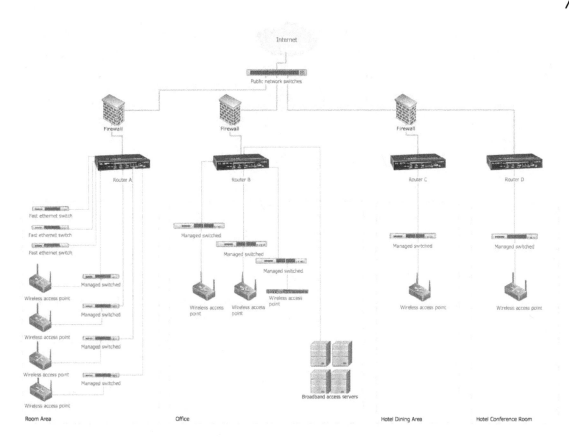

Рис. 62. Локальная сеть гостиницы

Кабельная сеть строится на базе проводов, располагающихся в защитных коробах. Такая организация сети отличается высокой степенью надежности передачи данных и защиты информации. Современное сетевое оборудование обеспечивает высокую скорость работы в сети и относительно недорого. Такой вариант сети предназначен прежде всего тем предприятиям, на которых информационные потоки имеют очень большие размеры, например, производится пересылка очень больших файлов. Монтаж кабельной сети – очень трудоемкий процесс.

Беспроводные сети (WLAN – Wireless Local Area Network) строятся на основе современного оборудования стандарта WiFi (Wireless Fidelity). Для организации сети на основе WiFi в принципе вообще нет необходимости в прокладке сетей, поскольку сеть может быть организована с помощью точек доступа, работающих в режиме репитера. Беспроводные сети позволяют организовывать новое рабочее пространство сети на любом расстоянии, увеличивая количество коммутирующих устройств.

Основными недостатками беспроводной сети выступают следующие: возможны высокие помехи из-за стен здания, высокий уровень опасности несанкционированного доступа в сеть, достаточно высокая стоимость оборудования. Однако для конечного пользователя основным недостатком беспроводной сети стандарта WiFi выступает низкая скорость передачи информации. Канал коммутатора делится на все количество подключенных пользователей, поэтому основным направлением использования такой сети на предприятиях индустрии гостеприимства на настоящий момент выступает работа в Интернете, поскольку скорость работы для этого достаточно высока, а подключение очень простое.

Частотный диапазон WiFi обеспечивает диапазон действия сети внутри зданий до 90 метров. Пропускная способность снижается пропорционально увеличению расстояния до точки доступа и числа клиентов сети.

WiFi поддерживает набор скоростей передачи данных, которые устанавливаются автоматически, обеспечивая наилучшее качество пересылки данных.

Стандартные на текущий момент протоколы b, g и n теоретически поддерживают такие пределы скоростей как 22, 54 и 600 Мбит/с. Однако, такие скорости на практике нереализуемы из-за высоких помех и расстояния между устройствами.

Стандарт 802.11ac поддерживает уже до 6,93 Гбит/с, однако такое оборудование пока не используется по причине отсутствия нормативно-правовых разрешений.

Беспроводная сеть состоит из двух основных элементов: точки доступа

Рис. 63. Точка доступа

и беспроводного адаптера, устанавливаемого в персональный компью-
тер или в ноутбук (если это старая модель. Все современные мобильные устройства имеют встроенный адаптер).

Рис. 64. Адаптер

Для подсоединения гостиницы в сеть Интернет можно использовать
DSL-модемы или радиомодемы (в случае отсутствия потребности в высоко-
скоростном доступе).

Рис. 65. Модемы

Данные устройства организуют связь гостиницы с провайдером интернет-услуг. Кроме того, их можно использовать совместно с системами интер-
нет-телевидения гостиницы.

Маршрутизатор (роутер) работает как ворота между внешней интернет-
средой и внутренней сетью гостиницы.

Рис. 66. Маршрутизатор

На рынке присутствуют большое количество маршрутизаторов различной конфигурации, но у большинства из них имеются четыре порта Ethernet и беспроводная точка доступа. Как следует из названия этих устройств, они распределяют трафик между внутренней сетью и Интернетом. Большинство из них имеют встроенный DHCP сервер, который автоматически назначает IP каждому компьютеру внутри сети. Отдельный WAN вход соединяет маршрутизатор с внешней сетью, позволяя всем компьютерам совместно использовать соединение с сетью Интернет.

Шлюз контроля доступа проводит аутентификацию и разграничение доступа пользователей (это обычный сервер).

Свитч организует подключение нескольких компьютеров в единую сеть, т. е. выступает в роли разветвителя сети.

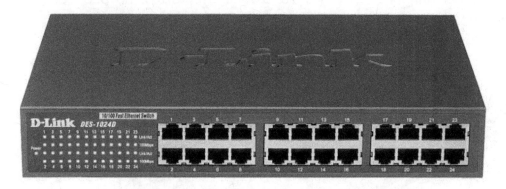

Рис. 67. Свитч

При наличии большого числа рабочих станций свитчи можно подключать каскадами. Свитчи в состоянии поддерживать большое количество пользователей без заметного уменьшения скорости работы для отдельного пользователя.

Точка доступа – устройство, позволяющее соединить несколько беспроводных устройств в одну сеть. Точки доступа также выступают центрами схождения всего трафика сети.

Адаптеры позволяют произвести соединение персональных компьютеров, ноутбуков или наладонных компьютеров с сетью.

Конечно, клиенты гостиницы могут воспользоваться не только беспроводным доступом в Интернет. Поэтому общедоступная сеть может также включать в себя и стационарные сетевые розетки в номерах, и наоборот, а внутренняя сеть может содержать сегмент беспроводной связи (для этого достаточно подключить точки доступа к свитчу внутренней сети).

Более крупное предприятие испытывает потребность в существенном увеличении производительности локальной сети, поэтому сетевое оборудование устанавливается более мощное, но в целом сеть строится по тем же принципам и имеет модульную архитектуру. Пример сети Интранет гостиничного предприятия приведен на рисунке.

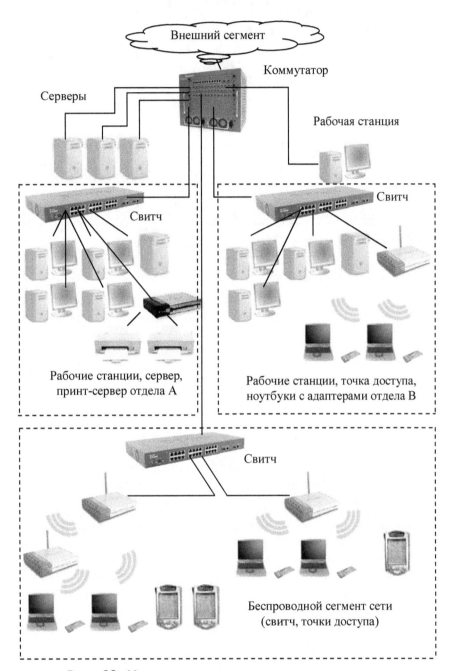

Рис. 68. Интранет гостиничного предприятия

К внешнему сегменту относится система аутентификации и разграничения доступа на уровне предприятия. Далее устанавливается коммутатор, к которому можно подключать серверы предприятия, на которых можно инсталлировать системы управления гостиницей, ресторанами и прочее серверное программное обеспечение. Кроме серверов к коммутатору можно подключать и рабочие станции.

Рис. 69. Коммутатор

Коммутаторы обеспечивают поддержку разнообразных сетевых сред, позволяя конфигурировать порты коммуникации по желанию предприятия, например, оборудование DLink DES 6500 поддерживает до 96 портов Gigabit Ethernet, 192 портов Fast Ethernet, 96 оптических портов Fast Ethernet или их комбинаций. Наличие слотов расширения позволяет при необходимости роста сети добавлять модули увеличения плотности портов без замены основного шасси. В таком сложном и критичном на отказ оборудовании предусмотрена возможность горячей замены модулей, упрощающей поиск и устранение неисправностей.

Управление коммутатором возможно через WEB-интерфейс. Коммутаторы поддерживают DHCP для автоматического назначения IP-адресов подключаемым рабочим станциям.

К коммутатору подключаются свитчи, обеспечивающие разветвление сети. К ним могут подключаться рабочие станции, принт-серверы, точки беспроводного доступа и прочее сетевое оборудование.

Беспроводной сегмент Интранет используется сотрудниками, часто перемещающимися по предприятию со своими переносными компьютерами, и представляет собой тот же свитч, к которому подключаются точки беспроводного доступа. Некоторые точки могут работать в качестве репитера, увеличивая зону охвата беспроводной сети.

Примерный набор оборудования

Оборудование	Модель	Количество	Цена, долл.
Модем	Ethernet ADSL External Modem	1	51
Роутер	Wireless Router with 4-port Switch	1	257
Точка доступа	Wireless Access Point, up to 108Mbps	В расчете на покрытие основных зон доступа (одна точка — 100 метров)	211
Свитч/хаб	24-port Layer 3 Gigabit Stackable Switch (Slave) with 2x10G uplink ports	Свитч на точки доступа для гостей (в расчете на необходимое количество точек доступа)	2869
	24-ports 10/100 Mbps Managed Layer 3 Switch. До 13 свитчей в последовательности.	Свитч для персонала (в расчете на необходимое количество пользователей)	604
Адаптер	22Mbps Wireless LAN Card	Для гостей в аренду	30

Внедрение

Услуги	Цена, долл.
*Организация локальной сети на оборудовании без установленного программного обеспечения:	
Полная установка, настройка рабочих станций, включая основные офисные приложения	50
Настройка одной рабочей станции в одноранговой сети (без выделенного сервера)	5
Установка и настройка сервера (организация домена, DNS, DHCP, ADS)	120
Создание единого информационного пространства и настройка системы аутентификации	30
Создание шлюза во внешние сети	20
Установка Web-сервера на информационном пространстве заказчика	100
Установка Mail-сервера на информационном пространстве заказчика	90
Установка Proxy-сервера	30
Установка и настройка firewall	50
Установка и настройка системы резервного копирования информации на внешние носители	20
Организация хранилищ данных повышенного уровня надежности (RAID 1, RAID 5)	100
Установка и настройка систем внутреннего документооборота (MSExchange и т. п.)	150
Установка и настройка внешнего сетевого периферийного оборудования (за единицу)	20
Организация локальной сети на основе программного обеспечения, установленного у заказчика:	
Полная настройка рабочего места.	20
Полная настройка сервера включая proxy сервер, firewall, систему аутентификации пользователей.	150

*Приобретение необходимого программного обеспечения осуществляется Заказчиком.

Беспроводная сеть	Цена, долл
Установка и настройка точки доступа (Access Point)	100
Установка и настройка рабочего места для доступа в беспроводную сеть	10

Перейдем к рассмотрению особенностей предоставления услуги доступа в Интернет клиентам гостиничного предприятия.

Доступ в Интернет клиентам может предоставляться в номерах с использованием кабельного или беспроводного подключения, а также по всей территории гостиничного предприятия только с применением беспроводной сети. В обоих случаях клиент должен иметь соответствующее оборудование в виде сетевой карты или WiFi адаптера. Современные гостиничные предприятия получают существенный доход от предоставления услуг беспроводного интернета: стоимость услуги может доходить до 30–35 долл. в сутки, а стоимость аренды Wifi-адаптера достигать 20–25 долл. в сутки. Конечно, на этапе внедрения систем беспроводного доступа обычно доступ предоставляется бесплатно, но при выходе сети на полную мощность количество людей, пользующихся данной услугой, становится ощутимым, что приносит достаточный доход.

При выходе беспроводной сети гостиницы на проектную мощность возникает вопрос тарификации оказываемых клиентам услуг. Самым простым вариантом выступает предоставление карточек доступа, рассчитанных либо на определенное время, либо на определенный трафик. В этом случае клиент покупает карточки доступа по мере необходимости.

Современные информационные технологии позволяют автоматизировать процесс расчетов с гостем за услуги доступа в Интернет. Для этого используется специальное программное обеспечение, называемое WiFi-тарификатор или система контроля доступа и биллинга WiFi-сетей. Работа тарификатора представлена на рисунке.

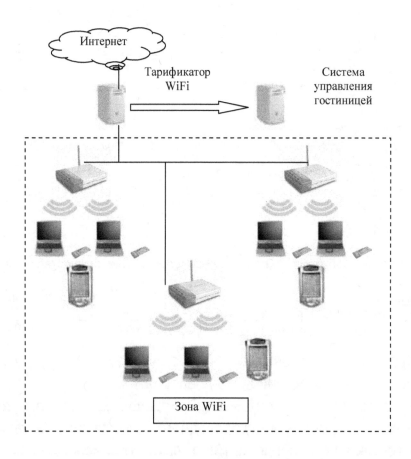

Рис. 70. Работа тарификатора WiFi

В последнее время существует достаточное количество тарификаторов, однако в Российской Федерации стандартом такого программного обеспечения стал тарификатор Barsum WiFi, производимый компанией «Рексофт» (http://www.reksoft.ru).

Тарификатор позволяет проводить аутентификацию пользователя при входе в WiFi-сеть и его контроль на основе установленного для клиента тарифного плана. Для доступа в Интернет клиенту необходимо открыть браузер, после чего ввести выданный PIN-код (выдается только один раз и является уникальным); не требуется изменять или устанавливать никаких настроек на персональном компьютере, поскольку все действия делаются через веб-интерфейс.

Тарификатор поддерживает различные системы биллинга по времени, объему, направлению трафика, в зависимости от времени суток.

WiFi-тарификатор имеет возможность подсоединения к системе управления гостиничным предприятием. В этом случае все сведения об оказанных услугах предоставления доступа в Интернет автоматически отправляется на счет гостя.

Стоимость wifi-тарификатора составляет около 1000 долл. за 1 порт.

4.4. Системы платного и интерактивного телевидения

Современные предприятия индустрии гостеприимства обеспечивают клиентов обширным перечнем информационных услуг. Одним из источников информации, безусловно, выступает телевидение.

Рис. 71. Экран гостиничного телевидения

Современное гостиничное телевидение предлагает не только трансляцию обычного эфирного телесигнала, но также позволяет дополнить его большим спектром дополнительных услуг, к которым относятся видео по запросу, доступ в Интернет через телевизор, заказ услуг с пульта дистанционного управления телевизора и т. д. Системы гостиничного телевидения можно разделить на эфирные, кабельные, платные и интерактивные. Для эфирного телевидения требуется соответствующее оборудование, а прием сигнала осуществляется бесплатно. Кабельное телевидение требует специального оборудования, прием осуществляется по тарифам оператора, стоимость которых рассчитывается исходя из номерного фонда гостиницы или в виде отчислений процентов от дохода. Спутниковое телевидение требует оборудование приема спутникового телесигнала, прием в ряде случаев осуществляется на бесплатной основе, но в основном – платный за канал или за пакет. Интерактивное и интернет-телевидение – самый сложный вариант, требующий специального оборудования вещания и абонентского оборудования в номерах.

На рынке производителей систем гостиничного телевидения присутствуют много компаний, среди которых продукция компаний Grundig, Prodac, OTRUM (система Guestlink, бывшая Nokia Guestlink), MEN, Avid Technology, NDS, EVS Broadcast, On-Air Systems, InVideo (система Hotel iTV), STEcom (семейство систем AMS), Smart Vision, VIPTEL.

Телевизионная система гостиничного предприятия представлена на рисунке.

Рис. 72. Телевизионная система гостиничного предприятия

Телевизионная сеть отеля состоит из следующих основных элементов:

системы получения сигнала (все виды антенн, и остальные источники видеосигнала),

головной каналообразующей станции,

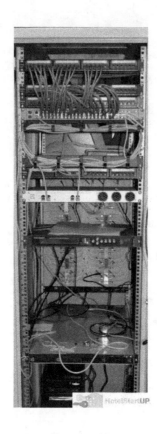

Рис. 73. Головная станция

абонентской телевизионной сети (кабели, ответвители и контроллеры (Set Top Box – STB))

Рис. 74. Set top box

и абонентского телевизора.

Рис. 75. Абонентский телевизор

Получение сигнала происходит из всевозможных источников: эфирных, спутниковых антенн, кабельных сетей, Интернета.

Головная станция обеспечивает трансляцию всех видов сигналов в гостиничные номера через устройства контроля и ответвители. Прием осуществляется на абонентских телевизорах; интерактивное управление – пультами дистанционного управления или клавиатурами.

Абонентское оборудование интерактивных систем включает телевизионные приемники и специальные контроллеры, представляющие собой фактически персональные компьютеры, позволяющие подключать ноутбуки, цифровые фотоаппараты, видеокамеры и т. д. Гостиничный телевизор должен иметь часы, будильник, таймер на отключение, дополнительный вывод звукового канала для подключения дополнительного динамика (например, в ванной комнате), устройство блокировки несанкционированной перестройки телевизора гостем; устройство ограничения максимальной громкости, желательно наличие радиоканалов, устройства отображения настроенных каналов; индикатора снижения напряжения батареи питания пульта ДУ и т. п.

Интерактивное и интернет-телевидение предоставляют гостям каналы платного телевидения, услугу видео по запросу, отложенное видео (возможность выбрать и получать в нужное время интересующую передачу независимо от времени вещания), электронные игры, а также большое количество сервисных услуг: именное приветствие, просмотр персонального счета, самостоятельную экспресс-выписку, персональные и групповые сообщения. Систему гостиничного телевидения можно соединить с системами контроля доступа, мини-барами, электронными сейфами, системами кондиционирования и т. д.

Гостиничное телевидение выступает важным источником повышения доходов предприятия. Это достигается за счет создания собственных информационных каналов, транслирующих информацию для гостей о предоставляемых услугах, тарифах, меню ресторанов, проводимых мероприятиях, также можно получать дополнительный доход от размещения платной рекламы близлежащих к отелю ресторанов, казино, торговых комплексов и др.

Гостиничные телевизионные системы стоят достаточно дорого. Стоимость центрального оборудования и программного обеспечения может быть от 15 до 50 тыс. долл. и в основном не зависит о количества номеров. Стоимость центрального оборудования и программного обеспечения **интерактивных** телевизионных систем составляет около 10 тыс. долл. и зависит от размера номерного фонда, количества заказанных сервисных функций. Стоимость центрального оборудования и программного обеспечения **интерактивных и интернет-цифровых** телекоммуникационных систем – от 15 до 20 тыс долл. и зависит от количества номеров отеля, количества сервисных функций.

При расчете по количеству номеров можно указать следующие цифры: для гостиницы на сто номеров система эфирного/платного телевидения обойдется в 70–100 долл. на номер, система интерактивного телевидения – 300–350 долл. на номер, система интерактивного телевидения, включающая функции видео по запросу и ряд других дополнений – 700–850 долл. на номер. Эти суммы не учитывают стоимость специализированных гостевых телевизоров, которая варьируется от 300 до 600 долл. Кроме того, интерактивные и интернет-системы телевидения требуют широкополосного канала связи с провайдером интернет.

Наибольший эффект от использования всех возможностей системы гостиничного телевидения достигается при установке интерфейса с системой управления гостиничным предприятием. Поэтому при внедрении системы гостиничного телевидения следует сразу уточнять наличие интерфейса у компании-производителя системы управления гостиницей. Максимальным количеством поддерживаемых интерфейсов обладают Fidelio и OPERA. Окупаемость системы гостиничного телевидения за счет платных сервисов составляет 1,5–2 года.

Рассмотрим основные возможности интерактивного гостиничного телевидения.

Важной функцией интерактивного телевидения, демонстрирующей индивидуальность обслуживания, выступает приветственное сообщение.

Рис. 76. Приветственное сообщение

Данное сообщение показывается на экране телевизора в тот момент, когда гость в первый раз входит в номер. Содержание сообщения обычно содержит приветствие, фамилию, имя и титул гостя, а также может иметь мультимедийное наполнение в виде музыкальных композиций. Кроме того, приветственное сообщение может содержать инструкции по использованию системы интерактивного телевидения или прямые ссылки на какие-либо информационные ресурсы гостиничного предприятия.

Платное телевидение позволяет гостям просматривать платные телеканалы. При этом тарификация может быть поканальной, за пакет или абонементной.

Рис. 77. Платные каналы

Информационные страницы на различных языках могут предоставлять полезную для гостя информацию в неограниченном количестве.

Рис. 78. Информационные страницы

Видео по запросу – функция, позволяющая клиенту гостиницы в любое время посмотреть тот фильм, который хочется из имеющегося перечня.

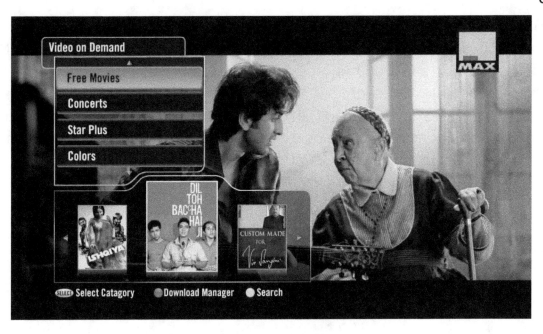

Рис. 79. Видео по запросу

Начисление по данной услуге осуществляется сразу после ввода в со-ответствующем поле запроса номера комнаты и переносится в систему управления гостиничным предприятием на счет гостя.

Доступ в Интернет через гостевой телевизор.

Рис. 80. Доступ в интернет через гостевой телевизор

Может в некоторые системах осуществляться и без использования до-полнительного оборудования, например, если абонентские телевизоры выполнены на базе сетевых компьютеров и стандартных интернет-протоколов. Вся информация гостю предоставляется на экране на основе стандарта HTML. При реализации в системе интерактивного телевидения функции доступа в Интернет гость может смотреть информацию, получать и отправлять электронную почту и т. д. Система тарификации доступа может работать на основе определенных правил как на повременной, так и на абонементной основе.

Установка побудок осуществляется прямо с экрана телевизора без необходимости обращаться к администраторам.

Рис. 81. Установка побудок

Режим побудки может быть разным: включается будильник, включается радио с нарастанием громкости, включается выбранный заранее канал с нарастанием громкости. В качестве подтверждения, что гость действительно проснулся, ему требуется нажать кнопку на пульте; если этого не происходит, то администратору отправляется специальный сигнал, после которого побудка будет осуществляться по телефону.

Функция доставки сообщений позволяет гостю на экране телевизора просмотреть все сообщения, которые были доставлены ему лично или группе, если он прибыл в гостиницу в составе группы.

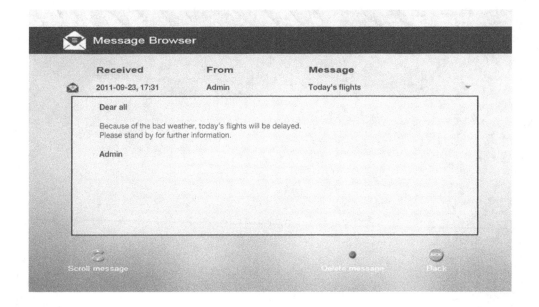

Рис. 82. Доставка сообщений

Как только для гостя появляется новое сообщение, то на экране телевизора показывается соответствующий значок (если телевизор был выключен, то он включится самостоятельно). Гость имеет доступ ко всем сообщениям, которые были ему отправлены в течение всего времени проживания, т. е. сообщения удаляются из системы только после полной выписки.

Очень удобной функцией выступает возможность просмотра своего счета, который может осуществляться в любое время.

Рис. 83. Просмотр счета

Для гостя также важной функцией служит возможность заказа питания в номер прямо с экрана телевизора.

Рис. 84. Заказ питания

При этом на экране отображается текущее ресторанное меню, а после выбора необходимых блюд выводится общая стоимость заказа.

Для хозяйственной службы система интерактивного телевидения позволяет просматривать состояние номерного фонда и изменять текущий статус номеров после уборки.

Рис. 85. Статус номера

Горничные после ввода идентификационного кода могут изменять статус номера на чистый. Кроме того, в системах присутствует функция заказа ремонта оборудования в номерах, информация о которых передается в инженерную службу.

К дополнительным возможностям систем интерактивного телевидения можно отнести оповещение в случае пожара, статистику просмотра телевизионных каналов и веб-страниц, интерактивные опросы гостей, экспресс-выписку, заказ такси, прачечной или других услуг, видеоигры и т. д.

4.5. Системы управления электронными замками

Электронные замки на предприятиях индустрии гостеприимства стали стандартом, гостиница не может получить даже категорию «четыре звезды», если не обладает системой электронных замков.

Электронные замки могут быть реализованы на технологии ключей-карт (контактных или бесконтактных), отпечатков пальцев или распознавания лица.

Производителей систем электронных замков достаточно много: CDS Duralock, CISA KeyCard System, Marlok, Nukey Systems Ltd., Saflok, Messerschmitt. Однако самыми известными выступают VingCard компании ASSA ABLOY (http://www.assaabloyhospitality.com). Продажи на территории Российской Федерации систем электронных замков VingCard осуществляет компания Norweq (http://www.norweq.ru/).

Электронные замки выступают важнейшим элементом систем безопасности гостиничных предприятий. Система управления позволяет иметь полный контроль над тем, кто, кому и когда выдавал ключи, как ими пользовались. Такой контроль позволяет избавить персонал гостиницы от ложных претензий гостей на пропажи вещей из номеров, выяснить все обстоятельства при действительной пропаже.

При правильно установленном взаимодействии системы замков с PMS гостиницы реализуются следующие преимущества:

- быстрое поселение и выдача карт (не нужно регистрировать гостей сначала в одной системе (АСУ), а затем в другой (замковой));

- возможность использовать карты-ключи в качестве средства оплаты товаров и услуги внутри гостиницы, на объектах, принадлежащих гостинице или на тех объектах, с которыми есть такие договоренности;

- возможность иметь разнообразные карты лояльности гостей – скидочные, бонусные и т.п.

- уменьшаются потери от возможных злоупотреблений персонала (например, «левое» поселение).

Система электронных замков состоит из следующих компонентов.

Электронный замок, устанавливаемый на двери номера – характеризуется возможностью многолетней интенсивной эксплуатации, отсутствием необходимости смазки и обслуживания механизма замка, усиленной конструкцией, защищенностью, наличием индикаторов работы, внутренней памяти на достаточно большое количество событий, автономностью работы.

Рис. 86. Электронные замки

Корпус замка выполняется по самым жестким стандартам только из высокопрочной стали. Цилиндры, позволяющие открыть в экстренном случае дверь механическим ключом, должны быть такими, чтобы демонтировать их без специального оборудования было бы невозможно. Замки могут быть и без цилиндров, в таком случае экстренное открывание производится с помощью электронного сервисного устройства на основе наладонного компьютера. Питание всех электронных замков осуществляется от определенного количества батареек, которые всегда располагаются со внутренней стороны замка; ресурс батареек составляет от 10 до 25 тыс. открытий, а при приближении батареек к разрядке замок дает световую сигнализацию.

Внутренняя память электронного замка сохраняет информацию о пользователях и группах пользователей, т. е. кому и когда разрешен доступ в определенные места, полный отчет о последних 100–200 событиях, включая данные пользователя и выполненные действия.

Для кодирования замков используется специальное сервисное устройство на базе наладонного компьютера.

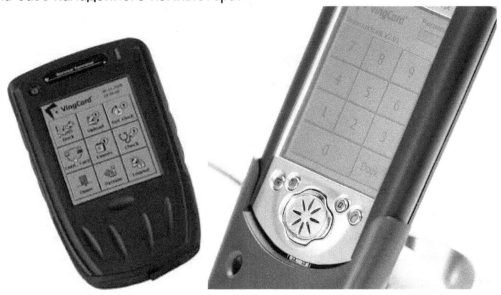

Рис. 87. Сервисное устройство

С помощью сервисного устройства также осуществляется считывание с замков информации, а также экстренное открывание замка при отсутствии механического цилиндра. Кроме того, сервисное устройство может быть использовано в системе электронных сейфов.

С сервисного устройства можно на месте распечатать информацию о замке и всех произошедших с ним событий, в том числе и открываний, с помощью специального мобильного принтера:

Рис. 88. Мобильный принтер

Кроме гостевых электронных замков система также содержит сервис-ные замки, обеспечивающие контроль доступа в служебные помещения, две-ри общего пользования (в гараж, конференц-комнаты, оздоровительные цен-тры и т. д.), а также лифтовые замки, встраиваемые в панель управления лифтом и обеспечивающие возможность их использования только клиентами гостиничного предприятия.

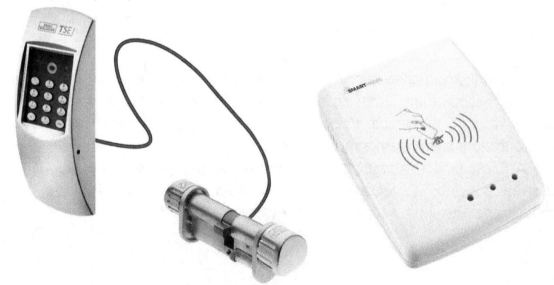

Рис. 89. Сервисные замки

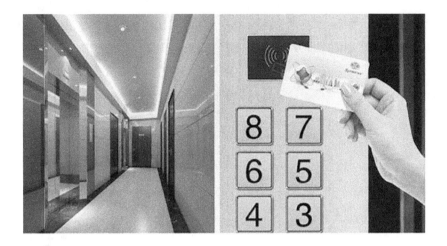

Рис. 90. Замок в лифте

Гостевой ключ представляет собой карточку либо с магнитной полосой, либо со встроенным микрочипом.

Рис. 91. Гостевые ключи

Кодировка карточек с магнитной полосой осуществляется с помощью специальных энкодеров.

Рис. 92. Блок кодирования ключей

Управление всеми компонентами электронных замков осуществляется автоматизированной системой, устанавливаемой на сервере.

Рис. 93. АСУ гостиничных замков

Такая система должна быть простой в эксплуатации, обеспечивать быстрое кодирование ключей, поддерживать необходимое их количество, обеспечивать работу мастер-ключей, несколько групп пользователей, регистрацию всех действий операторов по выдаче ключей, создание всех видов отчетов, определенное количество времени автономной работы при отключении электропитания, иметь специальные аварийные и блокировочные ключи, а также интерфейс с системой управления гостиничным предприятием.

К дополнительному оборудованию системы электронных замков можно отнести шкафы для ключей (механических),

Рис. 94. Шкаф для ключей

оборудованные электронной системой контроля, а также энергосбере-гающие устройства, устанавливаемые в номерах и позволяющие отключать все электрооборудование при выходе гостя из номера.

Рис. 95. Устройство энергосбережения

Кроме того, энергосберегающий модуль позволяет выполнять такую утилитарную функцию, как невозможность потерять ключ внутри номера, поскольку он вставляется в модуль энергосбережения при входе в номер.

Работа автоматизированной системы управления электронными ключа-ми представлена на рисунке.

Рис. 96. Автоматизированная система управления электронными ключами

Из него видно что программное обеспечение системы управления электронными замками устанавливается на рабочей станции, которая подключается к блокам кодировки ключей и системе управления гостиницей.

Количество блоков кодировки зависит от размеров гостиничного предприятия: для малых гостиниц хватит одного, для крупных – обычно два. Блок кодировки имеет встроенную технологию для предохранения чипа от повреждения.

Программное обеспечение позволяет осуществлять кодирование ключей, а также создавать различные группы карт с разными уровнями доступа.

Рассмотрим пример работы одной из самых известных автоматизированных систем управления электронными замками VingCard Vision. Система базируется на рабочей станции с сенсорным дисплеем.

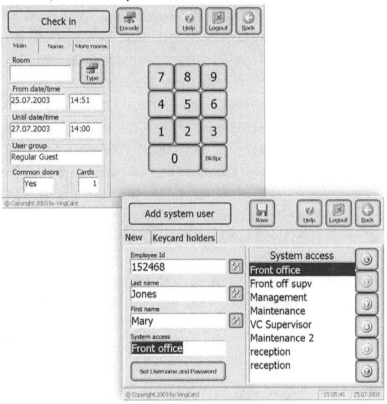

Рис. 97. АСУ VingCard

Окно добавления нового пользователя вводит новую запись с использованием уже имеющихся групп пользователей, например, сотрудник службы приема и размещения или менеджер.

Окно заселения позволяет быстро выбрать номер и закодировать ключ. Обычно дата заселения совпадает с текущей, однако может быть возможность закодировать гостевые ключи заранее, например для большой группы. В этом случае имеется возможность указания реальных даты и времени заезда.

Во время заезда гостю кодируется ключ, который обеспечивает доступ в номер и те помещения, куда этот доступ гостю разрешен.

Гостевые ключи – низший уровень электронных ключей. Следующие уровни в порядке возрастания полномочий следующие: контролирующий (позволяет блокировать замки, калибровать и устанавливать часы в замке, удалять карту гостя и читать записи замка), уровень территории (управляющие системой на нескольких этажах, позволяя открывать замки только своей зоны), мастер-уровень (позволяет открывать все замки системы, а также аварийное открытие), наконец, управляющий (для изменения параметров системы управления и установки данных для ключей).

Гостевой замок обладает возможностью сигнализации о незапертой входной двери, неправильном функционировании, функцией самотестирования и уровня заряда батарей, возможностью разблокировки внешней ручки, блокировки поворота внешней ручки (поворот возможен только после открытия замка), индикацией режима внутренней задвижки.

Стоимость внедрения автоматизированной системы электронных замков достаточно существенна. Минимально необходимое оборудование для организации системы имеет примерно следующую стоимость: электронный замок – 200–300 долл. за штуку, блок кодировки ключей – 1 500–2 000 долл., программное обеспечение – 500–1 000 долл. (может рассчитываться как за лицензию, тогда гостинице нужна одна лицензия, так и по количеству номеров), электронный ключ – 1,5–2 долл. за штуку. Конечно, электронные ключи можно докупать по необходимости, однако первоначальное их количество следует тщательно рассчитать с учетом того, что гости имеют обыкновение терять ключи или увозить их с собой в качестве сувенира.

4.6. Системы электронных сейфов

Системы электронных сейфов выступают одной из важных частей общей системы безопасности предприятия индустрии гостеприимства.

Рис. 98. Электронный сейф

Системы электронных сейфов повышают престиж гостиничного предприятия и снижают риск криминальных действий по отношению к клиентам гостиницы. Для преступников клиент гостиницы – идеальная цель, поскольку путешественники (особенно приехавшие с целью отдыха) обычно имеют при себе ценные вещи, крупные денежные средства, а главное – находятся в расслабленном настроении. Деловые туристы тоже не в лучшем положении: у них повышенная занятость, усталость и сниженная бдительность. Кроме того, такие туристы возят с собой большое количество электронного оборудования: ноутбуки, планшеты, наладонные компьютеры, периферийное оборудование. Потери от кражи данных предметов и содержащейся в них информации могут существенно превышать стоимость самих устройств.

В момент, когда гость заселяется в гостиницу, его собственность частично становится предметом заботы гостиничного предприятия. Если для защиты этой собственности со стороны гостиницы не предпринимаются никаких действий, то это может привести к большим убыткам по возмещению.

Электронные сейфы выступают средством обеспечения сохранности имущества клиентов как от посягательств криминальных структур, так и злоупотреблений персонала.

В принципе, в гостинице можно установить любой сейф любого производителя, однако наиболее известными производителями оборудования электронных сейфов для гостиничных предприятий выступают Inhova (http://www.inhova.ru/) производства испанской компании TESA (http://www.tesa.es) и Elsafe (http://www.elsafe.com/) производства компании ASSA ABLOY (http://www.assaabloyhospitality.com).

Гостиничные сейфы могут быть различных принципов действия: цифровые (когда гость сам выбирает желаемый код и вводит его при закрытии сейфа; этот код становится и кодом открытия), сейфы на магнитных или смарт-картах (в этом случае гостю выдается запрограммированная карта-ключ, с помощью которой осуществляются манипуляции по открытию и закрытию), наконец, биометрические сейфы (работа которых основана на уникальных биометрических данных клиента, например, отпечатке пальца).

Система электронных сейфов гостиничного предприятия состоит из системы автоматизированного управления, сейфов различных принципов действия, средств мобильного управления системой и инфракрасных мини-принтеров.

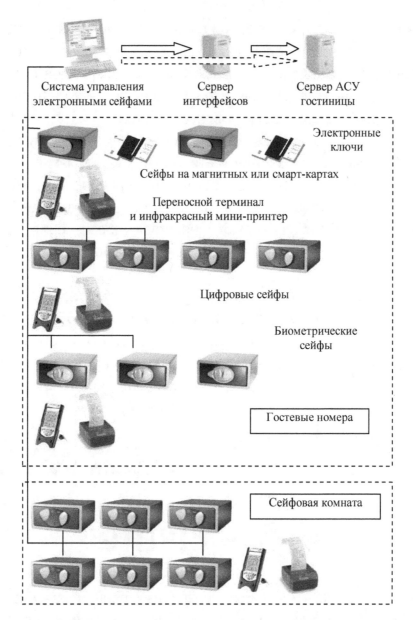

Рис. 99. Система электронных сейфов гостиничного предприятия

Гостиничные электронные сейфы могут работать как в составе единой сети, так и в автономном режиме. В первом случае управление сейфами осуществляется централизованно, во втором – с помощью систем сервисного обслуживания на базе наладонных компьютеров. Примером такой системы выступает SafeLink компании Elsafe.

SafeLink обеспечивает функции управления сейфами на основе PocketPC, позволяет программировать сейфы, производить открытие без специального оборудования, создавать отчет об использовании сейфа, учитывая последние 100 событий, включая точную дату и время открытий, закрытий, набранных кодов.

Рис. 100. АСУ SafeLink

Все это может делаться в присутствии гостя. Система приводит список всех лиц, открывавших сейф. В журнале всегда отражаются: сведения о гостиничном предприятии, статистика сервисных открытий, статистика неправильных вводов кода и т. д. Пример отчета приведен на рисунке.

Hotel name: Baltchug Kempinsky
Hotel ID: 00008546
Room No: 476
Safe Model: Infinity
Serial No: 4.800.002
Last Service Open: 23.08.03 01:50 Bob
Leash
Last Tamper: Never
Operation hours: 45
No of Lockings: 7
No of Serv. Openings: 2
Readout Time: 24.08.03 15:17
24.08.03 15:17 Locked
24.08.03 15:17 Unlocked
24.08.03 15:17 Locked
24.08.03 15:17 Door Time-out
24.08.03 15:17 Time-out
24.08.03 15:17 Logoff
24.08.03 15:16 New Date/Time
23.08.03 01:50 Old Date/Time
23.08.03 01:50 Service Opened
23.08.03 01:50 Logon
ID: Bob Leash
22.08.03 12:31 Locked
22.08.03 08:27 Logoff
22.08.03 08:27 Service Opened
22.08.03 08:27 Logon
ID: Johnny Oiden

22.08.03 08:26 Five Incorrect Codes
22.08.03 08:26 Incorrect Guest Code
Code: 4444
22.08.03 08:26 Incorrect Guest Code
Code: 3333
22.08.03 08:26 Incorrect Guest Code
Code: 2222
22.08.03 08:25 Incorrect Guest Code
Code: 1111

22.08.03 08:25 Incorrect Guest Code
Code: 0000
21.08.03 16:16 Locked
21.08.03 16:15 Unlocked
21.08.03 08:35 Locked
21.08.03 08:34 Time-out
21.08.03 08:33 Logoff
21.08.03 08:33 Service Opened
21.08.03 08:33 Logon
ID: Johnny Oiden

21.08.03 08:30 Tamper Activated

Hotel Signature
_____

Guest Signature
_____

Рис. 101. Отчет по сейфу системы SafeLink

Отчет по сейфу распечатывается на специальном мини-принтере, оснащенном инфракрасным портом для подключения к наладонному компьютеру.

Гостиничные сейфы должны обладать специальными замками: с одной стороны, замки должны не вызывать затруднений у клиентов гостиницы, иметь возможность аварийного открытия в случае потери ключа или кода, а с другой – быть абсолютно надежными.

Основные функциональные особенности гостиничных сейфов следующие: персональный код автоматически уничтожается из памяти замка после открытия (для цифровых сейфов), возможность работы на персональных кредитных картах или ключах-картах электронного замка номера, световая индикация состояния, большой и яркий дисплей с индикацией каждого действия, звуковая индикация ошибок, энергонезависимая память. Питание электронных сейфов осуществляется от батарей, емкости которых должно хватать на 1–1,5 года при ежедневном пятиразовом открытии сейфа. Сейф должен давать предупреждение о разряде батарей за некоторый срок до критического состояния.

Пример цен на сейфовое оборудование

Модель	Размеры внешние, мм			Комплектация			Вес, кг	Объем, л	Цена*, RUR
	высота	ширина	глубина	кодовый замок	ключевой замок	количество полок			
цифровой	250	340	280	электр.	+	1	10	23	8 000
цифровой с картой	300	440	380	электр.	+	1	28	42	8 300

DM — без возможности закрытия-открытия магнитной картой
DCM — с возможностью закрытия-открытия магнитной картой

4.7. Системы автоматических мини-баров

В любой современной гостинице в номерах должны присутствовать мини-бары.

В мире более 4 млн. гостиничных номеров оснащено таким оборудованием. Исследования показывают, что один работник службы мини-баров может в день обслужить не более 200 мини-баров, однако более 50% мини-баров никогда не используются. Таким образом, сотрудник службы мини-баров впустую расходует время на проверку всех имеющихся мини-баров. Производители современного программного обеспечения для гостиничных предприятий предлагают вариант решения данной проблемы – системы автоматизированных мини-баров. Примерами таких систем выступают Global Bartender Minibar Services (http://www.gemsglobal.com/), eRoomSystem

(http://www.eroomsystem.com/),   Minibar   Control   System
(http://www.minibar.ch/) и т. д.

Рис. 102. Гостиничный минибар

Наиболее известной системой автоматизированного управления мини-барами выступает Bartech Automatic System (http://www.my-bartech.com/), продаваемая на территории Российской Федерации компанией HRS.

Система мини-баров позволяет значительно увеличить доходы от продаж, сократить затраты на персонал (один сотрудник в состоянии обслуживать до 400 мини-баров), осуществлять контроль за сроками годности продуктов, проводить начисление в счет гостя за изъятые продукты (при наличии интерфейса с системой).

Технология работы системы мини-баров следующая. При заселении гостя система управления гостиничным предприятием осуществляет разблокировку замка мини-бара через интерфейс; каждый продукт в автоматическом мини-баре контролируется отдельным датчиком. Происходит автоматическое распознавание, взял ли гость продукт чтобы на него посмотреть или чтобы съесть; в первом случае начислений на счет гостя не будет, а во втором – автоматически будет сделано начисление на сумму изъятого продукта. Сразу же информация попадает в службу мини-баров с отчетами о необходимости дополнения мини-бара. При выселении система управления гостиничным предприятием автоматически блокирует систему мини-баров.

Рис. 103. Система автоматических минибаров гостиничного предприятия

К достоинствам автоматических мини-баров можно отнести достоверность информации о загруженности мини-баров в режиме реального времени, автоматическое выставление счетов, позволяющее быстро производить выписку гостя, простоту работы с системой, возможность проведения различных маркетинговых программ, оптимизацию затрат на поддержание системы, возможность гибкой настройки. Кроме того, система мини-баров может быть настроена для изменения горничными статуса номера после уборки, статуса технического состояния. Наконец, система может выступать единым центром управления гостиничным номером, включая управление электронными сейфами, замками, системой энергосбережения, кондиционирования. Система автоматических мини-баров представлена на рисунке, на котором показаны две возможности работы системы. Во-первых, мини-бары могут обслуживаться самостоятельной автоматизированной системой, например, Bartech.

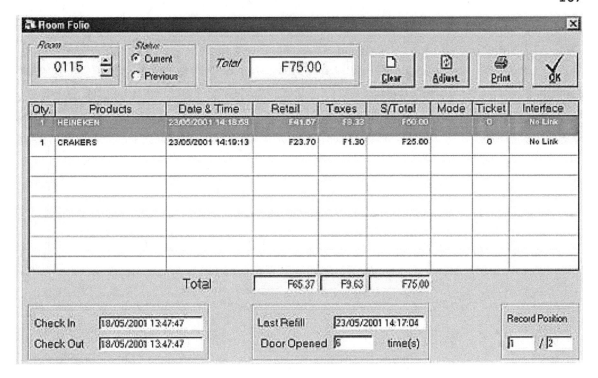

Рис. 104. Отчет системы автоматических минибаров гостиничного предприятия

Во-вторых, некоторые системы автоматизации гостиничных предприятий позволяют проводить обслуживание мини-баров через свое программное обеспечение, например, системы интерактивного гостиничного телевидения OTRUM или STEcom.

Более эффективным решением системы мини-баров выступает самостоятельная система, поскольку прочие системы в основном могут только показать, открывался мини-бар или нет (в мини-барах устанавливается датчик открытия на дверь), но не в состоянии дать отчет по количеству и номенклатуре потребленных клиентом продуктов. Пример окна автоматизированной системы управление мини-барами приведен на рис. 104, из которого видно, что система отслеживает, что именно взял клиент из мини-бара и дается полное описание действия (дата и время, цена, общий счет за услуги мини-бара и т. д.).

Гостиничные мини-бары должны удовлетворять следующим требованиям: надежность, высокая пожаробезопасность, низкий уровень шума при работе, наличие энергосберегающих технологий, возможность установки простых или электронных замков, простота эксплуатации и технического обслуживания.

Кроме того, гостиничные мини-бары должны иметь современную систему автоматического размораживания, регулируемые полки, перевешиваемые дверцы, отделения для маленьких и крупных продуктов, внутреннюю подсветку, емкость для льда и т. д.

Цены на мини-бары зависят от варианта исполнения и объемов охлаждающей и общей камер (измеряется в литрах, например, 30 или 50). Цена одного мини-бара может составлять от 300 до 1 500 долл. (например, в случае комплектации мини-бара жидкокристаллическим телевизором).

ЗАКЛЮЧЕНИЕ

Широкое использование автоматизированных систем управления гостиничными предприятиями выступает одним из важнейших направлений совершенствования управления предприятиями индустрии гостеприимства и туризма.

Основой автоматизации гостиницы служит автоматизированная системы управления гостиничным предприятием. В настоящее время на мировом рынке программных продуктов таких систем достаточное количество. Основными выступают системы Fidelio, OPERA, Epitome, Эдельвейс, Shelter и др. При выборе автоматизированной системы управления следует оценивать ее внедрение со стратегической точки зрения, поскольку смена систем приводит к обязательной смене всей технологии работы гостиничного предприятия.

К дополнительным системам автоматизации относятся системы доступа в Интернет, телефонные станции, электронные замки, сейфы, мини-бары, системы контроля доступа и безопасности, системы авторизации кредитных карт и др. Внедрение каждой из указанных систем приводит к повышению статуса гостиницы, увеличению количества и повышению качества оказываемых гостиницей услуг. При выборе конкретных систем следует обеспечивать их максимальную совместимость с установленной системой управления гостиничным предприятием. Только в этом случае эффект от внедрения будет максимальным.

В работе детально раскрыты особенности и функциональные возможности систем управления гостиничными предприятиями, ресторанами в составе гостиниц; описана технология внедрения систем управления, приведены варианты расчета стоимости внедрения; даются сведения обо всех основных системах управления: номенклатуре и стоимостных показателях оборудования, основных этапах внедрения систем.

110

СПИСОК ЛИТЕРАТУРЫ

1. Ветитнев, А.М. Информационные технологии в социально-культурном сервисе и туризме. Оргтехника: Учебное пособие / А.М. Ветитнев. - М.: Форум, 2010.

2. Есаулова, С.П. Информационные технологии в туристической индустрии: Учебное пособие / С.П. Есаулова. - М.: Дашков и К, 2012.

3. Козлов Д. А. Автоматизация гостиничного предприятия. Micros Fidelio Front Office 7.0: Учебное пособие. М.: Изд-во Рос. экон. акад., 2004.

4. Плотникова Н. И. Комплексная автоматизация туристского бизнеса. Ч. I и II. М.: Советский спорт, 2000.

5. Роглев Х.Й. Основы гостиничного менеджмента: Учебник. - К.: Кондор, 2009.

6. Руководство пользователя Fidelio Front Office // HRS.

7. Синаторов, С.В. Информационные технологии в туризме: Учебное пособие / С.В. Синаторов, О.В. Пикулик, Н.В. Боченина. - М.: Альфа-М, НИЦ ИНФРА-М, 2013.

8. Советов, Б.Я. Информационные технологии: Учебник для бакалавров / Б.Я. Советов, В.В. Цехановский. - М.: Юрайт, 2013.

Информационные ресурсы Интернет

1. http://www.hrs.ru – официальный сайт компании HRS. Системы Fidelio, OPERA, Micros, Bartech и др.
2. http://www.micros.com – официальный сайт компании Micros.
3. http://www.my-bartech.com – официальный сайт компании Bartech.
4. http://www.incomsoft.ru – официальный сайт компании «Инкомсофт», система «Компас».
5. http://www.averstech.ru – система «Эксперт».
6. http://www.pct.ru – система РСТъ Ресторатор.
7. http://www.1c-astor.ru – система АСТОР.
8. http://www.posiflex.com – ресторанные терминалы Posiflex.
9. http://www.microsoft.com.
10. http://www.oracle.com.
11. http://www.sybase.com.
12. http://www.symantec.com.
13. http://www.dlink.ru – компания D-link – сетевое оборудование.
14. http://www.mt-expert.ru – телефонное оборудование для гостиниц.
15. http://www.teledex.com – телефонное оборудование для гостиниц.
16. http://www.panasonic.com – телефонные станции гостиничных предприятий.
17. http://www.pbxsoftware.ru/wintariff – телефонный тарификатор WinTariff.

18. http://www.ste.spb.ru – компания STEGroup, интерактивное гостиничное телевидение.

19. http://www.otrum.com – интерактивное гостиничное телевидение, система OTRUM.

20. http://www.in-video.ru – интерактивное гостиничное телевидение, система Hotel iTV.

21. http://www.norweq.ru – компания Norweq, системы электронных замков, сейфов, мини-баров.

22. http://www.inhova.com – электронные сейфы.

23. http://www.elsafe.com – электронные сейфы.

24. http://www.gemsglobal.com – системы мини-баров.

25. http://www.eroomsystem.com – системы мини-баров.

26. http://www.minibar.ch – системы мини-баров.

27. http://www.messerschmitt.com – компания Messerschmitt Systems AG, электронные замки, сейфы, миин-бары.

28. http://www.ems-international.net – миин-бары EMS.

29. http://www.libra-russia.com – официальный сайт компании Libra Hospitality, система epitome.

30. http://www.reksoft.ru – официальный сайт компании Рексофт, система «Эдельвейс», тарификаторы Barsum и Barsum WiFi.

31. http://www.ucs.ru – официальный сайт компании UCS, система R-Keeper

32. http://www.world-tourism.org – Всемирная туристская организация.

33. http://www.wttc.org – World trade and tourism council.

34. http://www.ista.ru/ – группа компаний ИСТА.

35. http://digitalhome.ixbt.com/ – сайт «Цифровой дом».

Учебное пособие

КОЗЛОВ ДМИТРИЙ АЛЕКСАНДРОВИЧ

ИНФОРМАЦИОННЫЕ ТЕХНОЛОГИИ В ГОСТИНИЧНОМ БИЗНЕСЕ

USA

2015

Усл. печ. л. 12,93

Тираж 500 экз.